大夏书系·教育思想录

中国著名班主任
德育思想录

Zhongguo
Zhuming Banzhuren
Deyu Sixianglu

朱永新 主编　朱寅年 副主编

新教育研究院 编著

华东师范大学出版社
全国百佳图书出版单位

目 录

序　让思想的光芒照亮教育的路程　　朱永新／1

灵魂在场的班主任突围　　陈晓华／6

这份爱，一生一世　　丁　榕／20

打造魅力班会课　　丁如许／36

做一个有魅力的班主任　　李　迪／50

用敬畏的态度做班主任　　梅洪建／64

用文化镀亮成长的天空　　覃丽兰／78

种好心田　　魏书生／94

蓦然回首　彩霞满天　　吴樱花／108

只为遇见更美的生命　　俞玉萍　／122

在教育追求中磨砺人生的幸福　　张万祥　／146

班主任要力争成为更优秀的人　　赵　坡　／158

教育，要让学生追慕美好　　郑　英　／172

班主任，活出你的精彩　　郑立平　／188

我的班级自主教育管理实验　　郑学志　／202

为每个孩子播撒光明的种子　　钟　杰　／218

与孩子们一起向前奔跑　　朱云方　／234

序 让思想的光芒照亮教育的路程

我一直认为,教育是一个技术活,但更是一个思想活。成功的教育,优秀的教育人,无论他是一位教师、班主任、校长,还是局长,支撑他站立在教育大地上的力量,一定是思想。没有思想的教育,一定是站不住、走不远的。

多年前,我曾写过这样一段小诗:

  教育需要思想的光芒

  走出经验的泥沼,迎接理性的朝阳

  再不能用一张教育的旧船票不断重复昨天的故事

  也不能把一张教育的旧兰谱不停地老调重唱

技术和思想,是"毛"与"皮"的关系。思想皮之不存,技术毛将焉附?基于这样的认识,2000年,我在主编《新世纪教育文库》时,特地亲自主编了《中国著名特级教师教学思想录》《中国著名班主任德育思想录》和《中国著名校长办学思想录》三本小书,并为每本书撰写序言,向读者推介这些从教育一线中生长出来的教育思想。其中,除了《中国著名特级教师教学思想录》是根据柳斌先生主编、江苏教育出版社的同名系列图书选编的外,其他两本是我自己开出名单、亲自邀请作者撰写的。

十多年来,这三本书一直深受欢迎,多次重印。这些特级教师、优秀班主任和校长的教育思想，影响着许多年轻教师、班主任和校长的成长，甚至被很多教育工作者称为自己的案头必备。

江山代有才人出。十多年过去了，又一批年轻的特级教师、班主任和校长成长起来了；又有许多新的故事、新的思想。于是，我想到了修订这套书，并且邀请了时任新教育研究院新阅读研究所副所长的朱寅年兄协助我完成这个项目。

我一直认为，如果说特级教师影响的是一个课堂，班主任影响的是一间教室，校长影响的是一所学校的话，那么局长影响的是一个区域。教育局长的思想与境界，同时也会直接影响到校长、班主任和教师。因此，我决定增加一本《中国著名教育局长管理思想录》。

感谢寅年兄和《中小学管理》杂志的主编曾国华先生，他们两位拿着我的邀请信一个个联系，一次次催促，前后一年多的时间，终告完成。特别是寅年兄，在新阅读研究所工作任务繁重的情况下，克服许多困难完成了这项任务。

需要说明的是，不唯资历，不唯名气，重视思想，重视实力，是我们选择、邀请作者的标准；但是，有许多人符合条件，却或因没有时间，或因无法联系，或因自己放弃而没有来稿，故这套书仍然存在不少遗憾。我希望这套书是一个开放的系统，条件成熟时可以不断增补，让它成为记录这个时代教育风云人物思想的史册，成为照亮教育路程的一盏明灯。

同样需要说明的是，收录于这套书中的每位教师、班主任、校长和局长都有自己的过人之处，都有自己的"功夫"秘籍，我们在编排时没有厚此薄彼，完全是根据作者的姓氏音序而安排的。

一本真正的好书，是作者、编者、出版社和读者共同完成的。所以，我要特别感谢江苏教育出版社和华东师范大学出版社。感谢江苏教育出版社为这套书最初的出版付出了辛勤的劳动，感谢华东师范大学出版社在新版编辑出版过程中卓有成效的工作。感谢朱寅年先生和曾国华先生在新版组稿联系过程中具体而微的努力。感谢亲爱的读者朋友们，无论你是老师、校长、局长，还是教育行业以外的朋友，但愿这套书能够给你启迪，让这些扎根于中国大地的教育思想能够照亮我们教育的路程。

朱永新

2015 年 12 月 20 日写于北京滴石斋

陈晓华

深圳育才中学教师,广东省语文特级教师,先后出版《怀揣着希望上路》《班主任突围》等六部教育专著,在《人民教育》《班主任》《福建教育》等国家和省、市级报刊上发表教育教学论文百余篇。借助网络平台,引领和指导家长教育,与学生进行零距离交流,创建了家校生三者共同参与教育的部落制自主管理新模式,主张和倡导"灵魂在场"的班主任教育。先后应各大城市的教育主管部门之邀,为班主任作报告200余场,被有关媒体称为"有爱心、多智慧、能奉献、会表达"的专业班主任的典范。

灵魂在场的班主任突围

肖川博士说：教育的过程就是一个不完美的人引领着另一个（或另一群）不完美的人追求完美的过程。于班主任而言，这个过程实际上就是不断突围的过程。突围，不是一次成功就一劳永逸，就找到了解决所有教育问题的万能钥匙。但是，不突围，就只能在瓶颈处徘徊，就像登高者，没有行动，就只能停留在山脚下。古人说得好："行远自迩，登高自卑。"心在高处，但必须始于足下；突围，是班主任必修的功课，而且必须灵魂在场。

管理：朋友式的部落团队

班级的主体舆论，应和班主任的教育理念保持一致。班集体是班主任的坚强后盾，是班主任实现教育理想的具有灵气和智慧的得力助手。学生怕老师，便是顾忌自己在集体中的形象，许多优秀的教育者，便是利用集体来实现和验证自己的教育理念的，换句话说，教育者把自己的教育理念渗透到集体的氛围中，借助于集体的氛围来约束和规范个体的违规者。

班级的管理应该由学生自己做主，教师的任务是帮助、协调他们完成自主管理，在这个过程中，达到培养他们各项能力的目的。

具体构建是：根据班级人数，确定为七组，暂定为全班的七个部门，我将其称为七个部落，分别是纪律部、宣传部、体育部、卫生部、生活部、学习部、文化部，各部落的召集人叫作部长，各部负责相关的内容。

各部部长选定以后，一定要有竞选上岗宣言，要有号召力和感染力，以期在全班招聘到最为合适和优秀的同学成为自己部落的成员。然后各部落由部长把关，我给出一星期的时间让他们自由双向组合，并规定各部落人数及男女生比例，让班长密切关注、及时协调，有问题及时和我联系。各部人员确定下来后，由部长协调好部落成员的前后座位秩序，组合完毕，各部长抽签确定组次，统一时间，各就各位，由班长宣布按新座位表就座。

这七位部长在本部值周时，全盘负责本周班内所有大小事务，行使与班长同等的权力，并要组织好本部同学的工作。此项措施将原本没有机会参与班级事务的同学纳入自主管理体系中来，使更多的同学体会到班级管理的不易，也让全体同学和集体的荣誉连在一起。

每个部落全权负责一周的日常工作，如卫生、两操、值日、晚自习的纪律等，一周下来由班长和全体同学考评，值日的部门总结，优秀部落记录在班级博客"桃李部落"里，并合影一张，上传到桃李部落相册，成为永久性纪念。

为正确引导学生进行自主管理，引入竞争机制。每周班会时间，都将由上周值日部门与班长进行小结，评价的好坏直接影响到自主管理的落实和实行，甚至影响到全员参与管理的积极性，因此班主任要鼓励值日部长认真总结，要求总结全员参与的情况、各人负责的项目，之后由除本部之外的所有同学进行评分。此举措将班级管理责任分摊给更多同学，同时又能明确责任，进一步扩大班级自主管理范围。

我觉得这种做法有以下几点值得肯定：

一是部长是本部的召集人，与大家相对合得来，因而有凝聚力，加上部长有组合遴选组员的优势，因此有一定的号召力和协调能力，在调动组员积极性以及分工安排上有相对的优势，因而他会尽己之力完成本部的各项任务。

二是大轮回结束以后，再重新组合，重新挑选各部部长，或由之前的部长继续连任。一些同学担心自己在再次组合时面临"下岗"的危险，因而会兢兢业业地完成自己的本职工作，任何贪小便宜、偷懒的行为都可能导致严重的后果。同时，不断置换管理层，避免管理的倦怠感，也让班级管理时时处于流动的活水状态。

三是全员参与，各部成员都要进行管理，各部要定好自己的奖惩措施，在总结的时候，全员参与的程度直接纳入评价的机制中，而这恰是自主管理的坚实基础。大家都是管理者，所以能够配合管理，这既是一种荣誉也是一种风度。因为大家的目的是一致的，那就是管理好班级，让自己在一个健康文明、积极进取的环境中生活学习。

自主管理，不仅仅是停留在班级管理层面，更重要的是在人人参与管理后，培养了他们的各项能力，比如协调能力、表达能力、管理能力。同时在管理过程中，锻炼了他们各自的品性，比如自信心、热情、责任感、成就感和归属感，使他们的心态更健康，素养更全面。一个学生参加中山大学自主招生的面试，表达自信流畅，得到面试考官的一致好评，该学生在回忆这段经历时，认为最值得感激和怀念的，是中学阶段班级自主管理对自己的各项锻炼和培养。

自主管理的意义，不仅仅是促进班级稳定，更重要的是对学生的锻炼和培养。班级自主管理背后的那些情感体验，才是灵魂在场的见证，才是教育的真义。

凝聚力：中学记忆之篮球赛

刚送走一届，又接手高三的物理普通班，而且该班全校闻名。一周下来，果然"名不虚传",明显感觉班级没有主流正气的班级文化,且各自为政,拉帮结派,毫无班级凝聚力可言。心下揣度,如何才能把一个松散的集体凝聚在一起?苦思良策,毫无头绪。

下午放学后,看见几个人稀稀散散地在打篮球,感觉水平不错,灵机一动,计上心来,借此可做大文章。

于是召集几个篮球爱好者交流,中心话题是:班级需要士气,作为新班主任,初来乍到,很想做点什么,却不知从何做起。现在我需要你们的帮助,为班级打一场精彩的球赛,一定要打出我们的士气和精神!我保证,我们班级其他成员将成为你们最出色的啦啦队,这场比赛也将成为你们中学阶段最为精彩的回忆。

问他们有无信心时,他们自然回答满怀信心。于是我在全班慷慨激昂地动员,摄影队长、宣传队长、后勤队长、啦啦队长各自招兵买马,组合队员。我再一番交代叮咛,各个情绪饱满,得令而去。

第二天校园里出现了球赛的大型广告,普通班挑战重点班,取名为"心服口服杯",写明时间地点,并邀请体育组权威教师做裁判。

放学后,准时开始。

球赛精彩纷呈,全场比分最大差值只有三分,双方比分交替上升。关键时刻,小旭怀着必胜的信念上场,全场跑动,带球、传球、上篮无不显示出他的实力,几回跳投成功,令球队士气大增。最后对方出现一个小小的失误,我方两次罚球成功。无情的哨声划破喧闹的球场,我们以一分的优势险胜对手。

全场哗然,我们的班级沸腾了,呼喊声地动山摇,似乎要把校园掀翻。大家情不自禁地围在一起,团团围住运动员,个别女生居然泪流满面。

黑板报出来了,宣传队的笔下,运动员各个生龙活虎,成为班级的英雄。

照片出来了,评比出各种奖项,他们的形象,成为一种美好,成为一种记忆。

班会召开了,回放球赛剪辑录像,大家沉浸在集体的喜悦中。最后一个环节是运动员谈感受，主力队员不无感慨地说："陈老师和我商量举办挑战隔壁班的球赛时，我还很抵触，拒绝挑战，原因是我们班曾经参加球赛时，场中只有我们几个球员浴血奋战，连一个观战的都没有，心里很失落。没想到这次大家这么给力，让我很感动。"一个队员说："我们学习都不是太好，以为在班上没人在乎我们，大多是班级的边缘人物。没想到这次，我们成了班级的主角，我们共同的感受是：我们找到了班级的归属感，我们的班级才是给我们真正快乐的地方，今后希望大家多帮助我们，我们的学习也要迎头赶上，争取不拖班级的后腿。"他哽咽地说完，深深地鞠躬。

班会结束，所有参赛选手一起走上讲台，手挽手肩并肩，向全班同学鞠躬，以示感谢。全班爆发出雷鸣般的掌声，经久不息，这是全班同学的热情回应。

让学生共同关注一件事，有共同的话题，共同的情趣，只需借助于相应的活动，激活全班同学的热情，凝聚力亦会形成。爱，可以创造各种奇迹，我相信。

班级球赛，很是普通，但激活和调动起来的情绪及产生的作用却大不一样。停留在表面的活动很多，没有深入学生心灵。问题不在于学生，而在于教师的驾驭和引领，教师应周密地设计和布置，环环相扣，层层深入，调动学生的积极性。不过，这并不是教育的真正目的，真正的目的应该是后续的评价，比如让啦啦队员们谈见闻谈观感，让宣传队员谈班级球赛的板报设计初衷和目的，让班长慷慨激昂地总结，这些都是必不可少的铺垫，让球队队员发表感慨，这才是最重要的环节。全班的掌声，完成了班级初期的情感心理建设。

去年教师节，小旭——这场球赛的主力队员，驾着他的保时捷来看望我，带着我在蛇口的大街小巷兜风，吸引了不少眼球，让我着实风光了一把。临别，小旭意味深长地说："是您让我的中学生活有了美好的记忆。"

大爱：为了她的心灵归队

玲玲是一个单亲家庭的女孩，特立独行，我行我素，不听母亲规劝，稍不如意，则以出走、割脉、跳楼相要挟。而母亲在爱裹挟下的谦让、容忍，更使她达到了肆无忌惮的地步。

玲玲的话语张扬、行为放肆和从不考虑别人感受的言行，使她在班级里成为一只人人敬而远之的孤雁。

她喜欢一个男生，可那个男生不喜欢她。几次热情相约，都被婉言拒绝。于是，她愤怒了，对那个男生拳脚相向，甚至公然在教室里把他的书包抢走。

我立刻给她打电话，得到的回答是"你管不着"。第二天与她耐心地谈话，她竟然以"不想说"断然回绝。我继续动之以情，晓之以理——毕竟心理上的坎需要她自己迈过去，她却是毫无表情地昂首而去，而且回到教室再次爆发，踢桌子、摔凳子，用发飙形容很合适。

我陷入坐立不安的尴尬境地，不仅是尴尬，更重要的是纠结。此时，同学们则表达了巨大的义愤。同学们不断地发来短信，"讨伐"玲玲，援助老大（同学们给我取的昵称）。

我除了对同学们表示感谢外，更有深深的担心：明天玲玲来到教室之后，面对的将是一个鄙视和敌视她的群体。而同学的感情压抑也似乎达到了极限，甚至有学生发来短信恶狠狠地说："我真想掐死她！"我感觉不妙，如果对这种敌对情绪不加调控或者任其蔓延，后果将不堪设想。所以，我必须趁玲玲不在教室上晚自习的时候，好好引导其他同学。

晚上七点，我走进教室，向关心自己的所有同学表示感谢，同时说："我理解你们，你们都是为我好，但也请同学们理解老大，帮助老大，鼓励老大。"

我接着说："我有以下几点理由，还请同学们好好想想，看看我想得有没有道理。我是一位父亲，从父亲的角度，人同此心，心同此理，我没办法放弃，玲玲一时心态拧不过来，我们要给她时间，要有耐心。我是要帮助她，要淡化这次风波，大家不必刻意走近她，更不能刻意躲避她，该说的说，该做的做，就像没事一样，给她一个轻松的正常的环境。许多时候，心灵的坎是需要自己才能迈过去的，我们将心比心，在我们痛苦失落的时候，我们最需要的是什么？我们期盼的是什么？那就是，希望朋友伸出温暖的手，捧出真诚的心。"

最后我特别告诫大家："今晚的这些话，不要让她知道，让她慢慢体会，时间可以说明一切。也许几十年后，老大已经不在人世，假如你和她还有交往，不经意地说一句：'其实老大对你挺好的！'相信她最终会明白老大的苦心的……"

说到这里，我的鼻子一酸，声音也变了调，不争气的眼泪竟然控制不住地流了下来。整个教室里没有一点声音。我接过前排同学递过来的纸巾，擦了一下，尴尬地说了声"谢谢大家"，便离开教室。

我走到走廊的尽头的时候，听到一阵又一阵热烈的掌声……

回家的路上，我的手机铃声阵阵响起，全是同学们发来的信息，只是大家的情绪和语言与上次完全不同了。

网上，我收到很多留言，其中一条是："老大，你今天流泪的时候，很多人在底下也哭了。你今天走了以后，'妞'在黑板上写：'请有手机的给老大发个信息。我们知道你好委屈啊！就算最后失败了，那也只能怪她不珍惜。'现在我命令老大：喝杯牛奶，去睡觉，不准失眠！晚安！"

第二天放学，张朵朵和李祯来到我的办公室，送上一袋糖果，品种很多，说是专为消气的。还和我一起聊天，包括一些无厘头八卦的笑话趣闻。呜呼，有生如此，夫复何求？

此后，一切都变了——

食堂，看见五六个人和玲玲围在一起，有说有笑……

春游，玲玲的身边总有许多人相随，谈笑风生……

课间，玲玲身边总有人相伴，打闹调侃玩笑……

生病，许多同学打电话给她送上一份关怀……

玲玲的母亲在我的 QQ 上留言：近段时间，一个要求上进的、懂事的、有情有义的女儿挽着我的臂弯在小区里散步，谈笑风生，常常让我感动得热泪盈眶。玲玲还没出生，她父亲就离我们而去，我把所有的希望寄托在玲玲身上，这是我 18 年前就希冀的女儿啊！可惜在后来的教育过程中被我弄丢了。在我对教育女儿感到山穷水尽的时候，您伸出了有力的手，帮我找寻了回来，您重新点燃了一个破碎家庭的希望。

当学生走进教师心灵的时候，当教师柔弱的身影背后有班级强有力的支撑的时候，当教师的教育理念成为集体努力的目标的时候，我们班主任就不再是以个体的权威挑战全体学生的叛逆，而是聚集正能量，使灵魂归附与融合。

大爱无形，但却具有巨大的穿透力。它不但可以使玲玲这样的"问题"学生走出阴影，心灵归队，还可以使整个集体充满阳光。

唤醒：沉睡的亲情意识

当下学生对亲情的淡漠，已经成为教育的一大缺失。但人们对这个问题大都估计不足，家里亲情气氛之于教育的意义，远没有引起教育者的重视。我自认为对学生的了解还是蛮不错的，但在一次"感悟亲情"的主题班会上，学生对亲情的淡漠却令我感到震惊与诧异。

记得我刚刚把"感悟亲情"这个话题写出来的时候，教室里就有了一片唏嘘之声，我明白，这不是认同，而是喝倒彩。但是，我还是要求学生不得以任何理由放弃自己的发言，我相信，会有学生能够体味这种世间最美好的感情的。

令人遗憾的是，学生的主要的观点却与我想的背道而驰。甚至有的学生认为，亲情是强加在人身上的感情，这就决定了它是一种极不公平的感情。它随着生命的降临，随着孩子"哇"的一声哭喊，就强加在两个毫不认识的人身上，迫使他们生活在一起，迫使他们互相接受。而且亲情不是公平的感情，一方给予另一方肉体这一事实决定了有一方必然处于强势地位，而另一方则处于劣势地位。这种先天性的不公平在中国最明显的表现形式便是封建家长制。由于亲情的强制性和不公平性，使它成为上一代束缚下一代的锁链。即使在今天，打着亲情旗号的家长制仍然在中国大行其道。体罚、责骂等等有违现代文明的野蛮行为在中国某些家庭内仍然司空见惯。"棍棒之下出孝子"的观念在中国仍然大有市场。还有的同学说，亲情从一开始便是从物质血缘关系开始的。其中一方在很长的时间内无条件地供养另一方，导致另一方一直处于"负债"的生存状态，虽然一般父母都说不图什么回报，但无论从法律的角度还是道德的角度，下一代都必须供养上一代作为"还债"。这种利益的亏欠像一条锁链将上一代和下一代紧紧连在一起，一旦有人想挣脱，就会为社会所不齿。这就使得亲情成为一条无法解脱的"不归路"。

同学们争相发言，对亲情口诛笔伐的声浪几乎一浪高过一浪，甚至有了一定的"理论"探索。我微笑着的脸开始收缩，变得庄重起来。但是，我脑海中有一个强烈的意识，那就是必须在四面楚歌中突围，即便身处"险境"，也要背水一战。

于是，我开始陈述自己的观点——

"同学们关于亲情的某些看法，反映了我们深圳特区学生思想的开放；但是，有不少观点，我不仅不敢苟同，甚至感到痛心。"

学生也特别专注地盯着我那张已经近乎变形了的脸。

我谈起了自己小时候的一段亲身经历。为了玩陀螺，我决心自制一个最大的陀螺。可是，就在制作即将完工的时候，锋利的刀刃无情地砍在我的手指上，白色的骨头露了出来，鲜血直流。我觉得自己闯了大祸，一定会挨骂的，想隐藏真相。可是，还是被心细的母亲发现了。母亲非但没有骂我，反而心疼得流出泪来，马上帮我用药包扎，然后"开恩"让我在家休息。

1994年，我购买了新居，在第一时间请来父母，让他们也看看儿子在深圳的新居。没过几天，我发现母亲吃饭的时候，碗端不稳，仔细一看，母亲的手指用医用胶布缠了好几层，指尖隐隐约约渗出点点血迹。我问父亲究竟是怎么回事。"嘿嘿，她前天砍猪脚不小心……""你怎么也不说一声？"我生气地埋怨。"她不让我说。"我赶快倒了一杯温开水，强行把母亲的手放在里面浸润，然后慢慢地、轻轻地撕开胶布，一层一层，一点一点地撕。当母亲血肉模糊的手指隐隐约约地露出来的时候，我看到她的指甲被砍去了一半，红嫩的肉露了出来。当时，我的心有一种要碎了的感觉。我的女儿趴在奶奶的身边，直看得眼泪汪汪，禁不住哭了起来。

我砍伤手，因自己顽皮；百般掩饰，是怕母亲打骂。

母亲伤手，因为我做饭；不露声色，是怕儿子担心。

说到这里，我的泪水已经情不自禁地流了出来，有的学生也开始抽泣。

随后，我又谈到了父亲的去世。2000年12月3日下午，父亲有点不舒服，我姐说去医院看看，他不同意，说是小毛病，睡一晚就好了。没想到，4日凌晨2点多钟，父亲突然感到不适，呼吸急促，说话也十分困难。早上匆忙送往医院，当晚11时，就永远离开了人世。母亲说，他本应当没有事的，可是，他担心半夜三更，又是大冷天，会吵醒隔壁睡觉的姐姐和姐夫。就在生命走到尽头的时候，他想的是子女，而不是自己。这种亲情，任何伟大的字眼都难以形容。

说到这里，有更多的学生开始抽泣起来。整个教室里，像是凝固了一样。

父母对子女的付出，孩子一生能还清吗？我的同学们，你们想到过回报自己的父母吗？你们想到过这份亲情的真正价值吗？你们的老师自认为是一个有感情的人，自认为是一个有孝心的人，可在父亲最需要我的时候，我在哪里？我在干什么？当我伏在父亲的灵柩上时，才想起我还没来得及向父亲说一句谢谢，谢谢父亲的养育之恩！

同学们，趁现在还来得及，对你们的父母说一声谢谢吧！

此时，教室里一片抽泣之声……

晚上，我打开信箱，收到很多学生的邮件，几乎都是谈这次主题班会感受的，而且几乎都表现出自责、自省。最重要的是，学生们都有了亲情意识，都有了对父母的爱。一位同学在信中说："那一刻，我们明白了您的良苦用心。我不知道这会不会是我学生时代中印象最深的一次班会课，但我永远不会忘记您的泪水，因为它已经流进了我们的心里。正是您的眼泪，让这个寒冷的冬天挂着几缕温暖的阳光。也是您的眼泪，让我们仿佛在一夜间长大了。陈老师，谢谢您！这也是我们全班同学的心里话！"

我们往往抱怨学生不懂亲情，不懂孝敬父母，但是，我们却很少反思自身。作为教师和父母，我们在为孩子付出的时候，又进行了多少亲情的教育？大而化之的空语，听之任之的态度，恰恰导致了当代青年亲情的淡漠和缺失。从这次以亲情为主题的班会中我们感受到，孩子们不是没有亲情意识，只是这种意识被我们教育者长期掩盖且压抑了，因而处于沉睡状态；久而久之，它就会死亡。而唤醒孩子沉睡了的亲情意识，恰恰是老师与家长的重要使命。

也许，只有真诚才能赢得真诚，只有真情才能拨动真情的琴弦。换句话说，只有灵魂在场的班主任，才可能和学生有灵魂的相互托付。

尾声：给突围者几条建议

一是懂学生比爱学生更重要。要走进学生的心灵，就要找寻学生认同且能接受的教育方式。在教育一线，没有效果，便没有收获，没有成就感的教育是痛苦的磨难。

二是让学生走进教师的心灵。让学生体察教师的不易，理解教师的作为，有利于师生之间的交流。教师不必把自己装扮成一个神秘的、万能的全才，一个善解人意、专业过硬的好老师，更容易得到学生的认同。

三是自主管理，要激活学生的热情。让学生有一种"我的地盘我做主"的尊严和荣耀，形成健康、主流的班级文化。自主管理，把班级的"场"还给学生，让学生在这个模拟的生活学习的"场"里得到各种各样的体验和锻炼。自主管理不是教师的终极目标，自主管理背后的那些东西，才是教育的真正目的。

四是及时反思与调整。能够反思是思想基础，能够及时调整是行动。教育不能靠用蛮力，要及时审视教育的现状，及时调适自己的心态，转变教育观念，变"管"学生为"帮助"学生。

五是要勤于笔耕。点滴的成效，点滴的思考，都是自己的教育故事。写东西不能太功利，正如李镇西所言，登山莫问高处。厚积薄发，终能水到渠成。

丁 榕

特级教师，曾任北京四中政教处主任，北京市西城区德育研究室、心理教育研究室、心理咨询中心主任，北京市第八、九、十届人大代表，中国关工委专家委员会专家委员，中国心理卫生协会青少年专业委员会专家委员，北京市班主任研究会副会长。1983年以来，先后被评为全国优秀班主任、全国"五讲四美"为人师表优秀教师、北京市"教书育人"先进工作者、北京市模范班主任，获北京市中小学优秀班主任"紫禁杯"一等奖。

这份爱，一生一世
——我的8个班

时光带走了我曾拥有的美丽往事，然而没有时光的流逝，我又怎能懂得它们的美丽？已到了回首往事的年龄，在教师生涯结束的时候，我欣慰地告诉自己：这辈子我就做了一件事，就是当了一个一辈子也没离开"班主任"的班主任。

我爱班主任这个岗位，这个岗位也给了我无穷的乐趣。我用心爱着学生，学生也给了我一颗颗闪亮的心。班主任没权、没钱、没名、没利，却有着取之不尽、用之不竭的财富，那就是他的学生。是班主任这块沃土，让我有限的生命得到了无限的快乐和幸福。

储存积累
——逝去的岁月是一本深刻的人生教科书

回首自己走过的班主任之路，最深的体会有三点：一是学习，二是积累，三是探索。学习是当好班主任的方法之源，积累是班主任发展的基础，探索是班主任的成功之路。正是这三点，让我把班主任工作做得有滋有味，有声有色。

下面我就谈谈积累吧！

当班主任20多年，带的班并不多，算算一共带过8个班。如果按一个班平均50个人计算，加起来约有400人，这400个学生的名字，我都清楚记得，因为我不会忘记他们。

从带的第一个班开始，每个孩子的头像、父母情况、家庭住址、我的工作计划、总结、50多本班主任工作手记、上百个有趣活动的照片，课程表、座次表、考勤表、班级日志、家长与学生给我的贺卡、信件、学生的作文、入团申请书、毕业时写下的青春誓言、写的检查……各种材料应有尽有，保存了近半个世纪。凡看过这些资料的人都会吃惊地问："你怎么能保留这么多资料？"我告诉他，连我自己都没想到，当时积攒这些资料没想着将来能有什么用处，完全是因为"爱"。我爱教育事业，爱教师工作，爱班主任这一行，爱教过的每一个孩子。所以我舍不得丢掉任何一件当班主任时所使用过的东西、给学生们照过的每一张照片，舍不得忘记与我共处过的每一个学生、组织过的任何一个活动，因为每一朵花都有它的香味，每一株树都有它的价值。种了庄稼，才知道爱惜粮食，自己的孩子看着哪儿都好。一张照片、一封信、一次班会，都是班主任的作品，是班主任的心血，这一切都有我付出的劳动，都是我的心路历程，所以我像珍爱自己的孩子一样珍爱着它们，我像呵护生命一样呵护着它们。

这大量的资料，不仅仅占据着我房屋的空间，也占据了我心灵的每一个角落，好像血管里的每一滴血都因它们的存在而流淌。这就构成了我生命的价值，所以舍不得丢掉。搬了多少次家，换了多少个工作单位，搬来搬去，自己的东西不知扔了多少，可唯独这些"班主任"的东西没有丢掉。

我家只有50多平方米，除了学生的这点东西之外，真是什么东西也无法放下了。退休后的第一件事就是整理这些东西，整理的过程是思念的过程，它把我带入一个美妙的世界。展现在我面前的每个孩子，都有着一张张活泼可爱的笑脸；参观、访问、爬山、下海、打雪仗、骑车郊游，上百个有趣活动，记载着我们成长的足迹；一枚枚深情的邮票、一封封散发温馨的信笺，生动地记录着师生间亲密的友谊；一张张真挚问候的贺卡，一盘盘生日祝福的录音带及活动录像，无一不让我感动。甜蜜的回忆宛如和谐而温馨的旋律，回旋在心灵深处，永不会被岁月尘封。看着这些，我笑了，我流泪了，我呆呆地想着一幕幕、一件件……我霎时发现，我虽没有宽大的房子，可我活动的空间比天大，不觉得窄小；我虽没有腰缠万贯，可却有享受不完的精神财富，不觉得贫穷；我虽没有自己的孩子，却子孙满堂，不觉得孤独；我虽不再去上班了，可天天却有干不完的事情，不觉得寂寞。这时我真正体会到什么叫班主任的幸福，什么叫精神富有，什么叫人生。看着这些宝贝，想着一个个和我一起成长的学生，回忆着一个个有趣的活动，讲述着一个个动听的故事，听着学生一声声的问候，重温自己所走过的路，你们说这是不是神仙都享受不到的幸福？这时我才惊奇地发现，我积攒的哪里只是岁月？这分明就是一本深刻的人生教科书！历史的长河、时代的痕迹、教育的发展、班主任的喜怒哀乐、自己走过的路、学生成长的历程……无一不在这里展现。一个班主任的经验、成功、失败、教训、幸福、快乐、烦恼、伤感、苦闷……在这本书里，也体现得淋漓尽致。这时我觉得，我们班主任是世界上最富有的人，一个人在精神上得不到满足，即使拥有世界上所有的财富，也是一贫如洗。

回过头看自己走过的路，深刻地领悟到：有险峰才会有攀登；有难关才会有突破；有压力才会有奋起；有风浪才会有搏击。这不就是一部史诗吗？这就是一部教育的史诗。

整理编书
——书写"班主任"的人生试卷

这些珍贵的班级史料，详细、全面地见证和记录了一个班主任的工作生涯。

走过的岁月，不在于得到过或失去过，重要的在于经历过——因为哭过，笑才灿烂；因为爱过，回忆才斑斓。

半个世纪过去了，我的一个个班集体均没有拆散，大家不离不弃地走到今天，和我保留下来的资料无不有着千丝万缕的联系。因为每一次聚会，我都要带一些他们小时有意思的照片、作文、检查、信件，给聚会带来了无限乐趣和回味。如今这些都退了休的、当了爷爷奶奶、爸爸妈妈的人，走到一起仍像孩子，又说又笑，又打又闹，仿佛回到了快乐的青少年时代。他们抢着看我带去的东西，他们说着孩童时那些美丽的秘密。当他们回忆过去那难忘的岁月的时候，当他们共叙友情的时候，当他们讲起那些感人故事的时候，不禁感慨："真想让现在的孩子听听！""真想让我的孩子知道！"

一天晚上，我接到一个来自英国剑桥大学的电话："丁老师，您可能早把我忘了，我是一个您教过的学生，我现在虽然在英国，但我永远也忘不了您，忘不了您亲手创建的班集体。您还记得吗，35年前您有一个学生叫夏晶。"我马上高兴地嚷出来："夏晶，我当然记得，长得清秀，性格温柔、内向，有很强的、不服输的个性，很聪明，写得一手好文章，画得一手好画……"听我这样一说，她异常兴奋，我们聊到深夜。过了几天，她把在博客上写的文章《丁榕老师》和她的全家福给我寄来。我这才知道她已从剑桥博士毕业，现在在剑桥大学当教授了。我高兴地找出了她小时候的照片和作文原稿，给她寄了回去，没想到她激动不已，打来电话，兴奋地说："丁老师，太不可思议了，您竟然还记得我这么一个普通的学生，我妈都没给我留着小时候的照片，您竟然还能有我小时候的照片和作文，这是最珍贵的礼物，这是拿多少钱也买不回来的，我一定永久珍藏。"

是啊！岁月可以像落叶一样飘逝，但这些财富永存！

把如诗如歌的岁月记录下来，把幸福的青少年时代还给学生，就成了我这个班主任要做的最后一件事，好像做完这件事才能画上一个句号。我仿佛又找到了这些"宝贝"新的意义。于是,我开始着手整理这些资料。

1. 班集体的发展刻印着时代发展的足迹

班级历史的创造离不开学生,正因为有了这些学生,我们的班主任工作才有声有色、波澜壮阔。透过班级发展的历史,我清楚地看到,班级的发展就是时代的缩影。

八年的时间,我已整理完了五个班的班书,有三个班的还在整理之中。

读着用心写下的班书,看着亲手建设起来的一个个班集体的成长,激动的心情无以言表,班集体的成长历历在目,把我带回曾经的年代……

《激情燃烧的岁月——1964年一年七班》——

这是我带的第一个班,它记载了1960年代初激情燃烧的岁月。"学雷锋,做好事",记录的是"共产主义理想"教育,这种教育充盈着当时社会的各个角落。这部班书也记录了我这个不会做老师的老师的错误和教训。

《走过半世纪 依然那首歌——1967年七连六排》——

这是我带的第二个班,1967年,正值"文化大革命"时期"停课闹革命"中。班书中记录了我们高呼着革命口号,学习着《毛主席语录》,师生以无比深厚的情谊,伴着一首《同甘苦,共呼吸》的班歌走过半个世纪,那里留下的是一段段感人的故事。

《那个1973——1973年五年二班》——

这是我带的第三个班,这一年是教育界最悲壮的一年,是学生深受灾害的一年,黄帅、张铁生的出现使多少无辜老师惨遭迫害。班书记录了我们在一片混乱的情况下,从一个最乱的班转化成一个最好的集体的有趣的过程。

《彩虹的天空——1977年美术班》——

这是我带的第四个班。1977年,"四人帮"被打倒了,全国人民欢呼雀跃,高考恢复了。我们在愉快的生活中,以我们共同的兴趣、爱好,画出了一片属于我们的彩虹天空。

《春风吹又生——1978年初一三班》——

这是我带的第五个班，这时重点学校恢复了，一切要重新开始了，学生发奋学习，老师奋勇争先，谱写出一首师生友爱、共同奋斗的赞歌。

《青春三部曲——1980年初一四班》——

这是我带的第六个班，"五讲四美"的春风吹遍祖国大地，党的十一届三中全会给教育带来了春天，教育终于看到了希望。"拨乱反正"、加快改革，成为我们的最大期盼，教师的"欲教不能，欲罢不忍"的精神枷锁终于可以解除了。提高教学质量已成为我们最大的向往。这个班被评为全国"五讲四美"先进集体。《青春三部曲》是全班同学在校期间用业余时间写下的30多万字的纪实小说。啊！今天再看，太有意思了！

《个性 理想 生命从这里延伸——1985年初一四班》——

这是我带的第七个班，1985年邓小平提出"三个面向"的重要指示，给教育提出了战略方向。我们提出了"建设集体，发展个性"，在班书中可以看到"我为集体增辉，集体为我增荣"，每个人的个性在丰富的教育活动中得到了极大的发展。

《蒲公英和红雨伞——1991年高一二班》——

这是我带的第八个班，它诞生于1990年代。这是教育飞速发展的年代，学生的心理教育在班集体的建设中发挥了巨大的作用，使班主任的工作更加科学化、人性化。

八个班的班书让我看到走过的50年，时代在变、观念在变、方法在变、我们的年龄也在变。但我们仍然能看到，在万变之中还有许多不变的东西，那就是不管时代怎么变，教师对学生的"爱"始终没有变；不管观念怎么变，"教书育人"的观念不会变；不管方法怎么变，"为人师表"不会变；无论年龄怎么变，一个班主任追求快乐、幸福人生的理想不会变。班书让我看到班主任"爱"

的智慧主要表现在爱的发展和延续上。从温暖的爱，到宽容的爱，到理解的爱，到尊重的爱，到信任的爱，再到快乐的爱，无不反映着时代的发展、教育的发展。透过这些，我看到了"教育"的等待，看到了时代的发展及时代赋予我们的使命。正是因为我们的这一份爱，学生的个性、理想、生命从这里延伸。

2. 班主任需要交上的一张人生试卷

一编书才知道，这绝不仅仅是在整理资料，它给了我一次全新的思考，也给了我一个神圣的使命，那就是接受考试。想想老师考了学生一辈子，当我们教师生涯结束的时候，是不是自己也应主动地接受一次考试呢？这次考试不是要谁给评职称，也不会发红本和奖章，它只需要我们自觉地向社会、向学生、向家长交上一份良心答卷，给自己的班主任工作打个良心分，这不是很有意义吗？

在整理这些材料的时候，我给自己出了一些这样的考题：我是用怎样的理念做学生的"人生导师"的？我都给了学生些什么？有没有辜负家长、学校对自己的信任？我是否对每一个孩子负责？我在教育中有何感悟？我要用自己走过的路作答，再现班主任的人生价值。

如何判分呢？"一个集体能不能影响一个学生一生的成长？"就成了我给自己亲手建立的班集体判分的标准；"一个学生能否不论在什么岗位上，都能爱社会、爱家庭、爱大自然、爱周围的一切，能为社会作贡献？"成为我衡量自己是不是给社会培养了一个合格人才的标准。这个分数是我离开教育岗位之后给自己打的最真实的分数。

遗憾的是，"考试"的结果让我发现，没有一个班是满分的。我对不起学生的地方太多了，我该做的事情太多了。假如……假如……唉！没有假如。我在每送走一个班的时候都会对自己说：下个班一定改！可一个新的班又总会留下新的遗憾。值得庆幸的是，我可以把我的遗憾和愧疚都写到班书里，向学生们道个"对不起"。真没想到离开学生几十年之后，还能给我一个向学生承认错误的机会，班书让我不至于留下终生的遗憾，这也给我一个极大的安慰。同时，"考试"告诉我一个真理：无论你多努力，班主任的工作都没有最圆满的成功！但也让我看到：对于学生，只要你付出真爱，他们绝不会辜负你。对于一颗渴慕阳光的心灵来说，无论阴雨何等连绵，天空何等晦暗，阳光总会从阴云暗雨中挤出来，将多情的微笑奉献给爱它的心灵。面对工作给我们带来的某种失望，只要追求，就绝不会一无所获。我欣慰地告诫自己：一生的奋斗即使没有完全达到预想的结果，过程也是一道美丽的风景。

最值得欣慰的是整理班书让我看到了班主任人生的价值。虽然每个班都不完美，虽也留下过很多遗憾，但是几十年过去了，当你看到一个个学生用自己的成长，给"百年树人""桃李满天下"以圆满的诠释的时候，你会幸福地告诉自己："我这辈子值了！"

3. 回忆是学生人生发展的财富

班书最重要的是记录了学生的成长，成为留在学生身边的一本最珍贵的回忆录。这回忆录犹如心中的一首歌，它之所以无比珍贵，是因为它是由学生自己谱的曲，童年的梦、青春的梦、陶醉的梦，就是这首歌的主题，它既有激昂的旋律，也有低沉的音调。激昂的旋律曾催他们奋进，低沉的音调曾给了他们多少深思，在这首乐曲中，他们尽情体验着青春的律动。

每个班对于班书的发放都十分重视，各班都开了班书发布会，凡是因各种原因没拿到书的同学都惦记着尽快拿到这本书，而凡是拿到的同学则无不感慨万千。

30年前的学生们发来邮件：

我是带着泪与笑读完您的书的。很久都没有这样的情感震撼了。我恨不得能马上飞回北京，回到您和初三（4）班大家庭的怀抱，畅谈通宵。

您能把这些历史资料保留得如此完整无缺，我感到非常惊讶。连那些笔迹凌乱的留言条，您都能当宝贝似的收藏起来，实在是不可思议！惊讶之余，更多的是感动和感激。正因为您的有心，才能让我们有幸再一次如此贴近地重温自己的青春，回顾自己的过去，让青少年时代的宝贵三年在我们的生命中有了永恒的记载。

人到中年，突然看到了20多年前真实的自己和真实的成长环境，那种欣喜与激动是难以用语言来形容的。我觉得自己是如此的幸运！是您给了我们这弥足珍贵的礼物，它再一次印证了您永远都是那个最值得我们爱，也最爱我们的老师！

是的，这两本书展现给我的是世界上最美好的感情。您对学生的爱，对事业的爱，真是如此的伟大和无私，纯洁和深厚，它超越了亲情、友情和爱情，是人生的最高境界。您的书让我觉得班主任是世界上最美好的职业，因为它能给人带来那么巨大的幸福感。我非常高兴能和您一起分享这份幸福。

4. 积累是教育研究的起点

班书的历史资料、学生们对往事的回忆、一个个充满激情的故事、一个个丰富多彩的活动、一封封学生和家长的来信无不是我做科研课题的宝贵财富，正是因为有了这些财富，我才幸福地走到了今天。

当大家翻开这些史料的时候，都会说出一句话："太真实了。"我想这正是这些资料的最可贵之处、最有意义之处。积累最大的价值就是真实，而真实恰恰是科研的本质，这些真实的史料，给了教育科研一个起点。我就是从这些积累的材料出发，找出了我在当班主任期间需要研究的大量的课题。

整理、反思，让我不断地发现问题，提出问题，研究问题，解决问题。在研究解决问题的过程中，我深深地体会到，要把班主任工作做好，必须把理论和实践结合起来，理论离开实践就没有灵魂，实践离开理论就没有生命。理论能使人高瞻远瞩，经验能使人更接近实际，一个既高瞻远瞩又不脱离实际的班主任，才可获得成功。

对我来说，这些资料就是我的一笔巨大的财富。这笔财富帮助我总结出了班主任的"四多、四不够"。在新的历史条件下，努力寻求解决现实问题的新观念、新方法、新途径，开创了学校心理教育的先河，在全市，乃至全国产生了极大的影响，走出了一条"边研究边实践，在实践中研究，在研究中实践"的科研道路。多次承担国家、市、区级重点课题，在报刊上发表文章300余篇，其中有20余篇获市级以上奖励，著书十余册。正是这些积累引导我走向成功，把我的工作实践变成了财富。

过往的经验和教训可使班主任在自己今后的工作中有所借鉴，少走些弯路。无论成功还是失败，一定会有可取之处，如果善于借鉴成功的经验，吸取失败的教训，就可以缩短摸索的过程，使班主任工作更快地走向成功。

回忆反馈

令我兴奋的是，学生们听说要出书了，纷纷写来儿时的回忆。一个个生动的故事，一句句真诚的话语，一段段成人后的感悟，让一个工作了一辈子的班主任重新审视自己的工作。它们让我顿悟，让我感动，这是学生送老师的最珍贵的礼物，这是教育最贵重的财富。

回忆中，他们用今天的眼光讲过去的故事，用成人的眼光看过去的趣闻。昨天认为要掉脑袋的事，今天看来就是一场笑话。有的是你无意去做的，却给学生造成了不该有的伤害；有的是你有意去做的，却没有产生预想的结果；有的是你怎么都没想到的一件小事，却牢牢地记在了学生的心中；有的是你认为他该记住的，可他却忘记了；有的事你想让他忘记，可他却偏偏记得……这就是孩子！这就是最值得我们思考的课题！几十年过去了，学生这些成长的反思，让我明白了很多道理，也让我重新审视自己的工作，好多事情让我有拨开云雾之感，也有好多教训让我重新思考。我和学生的心仿佛连得更紧了，那是因为他们让我看到：他们的脸上写满我的青春，我的脸上也刻写着他们的童年。

1. 用一生来找答案

一个学生在《用一生来找答案》中写了这样一段回忆。他说因家庭生活困难，从没吃过红烧肉，同学们都在附近住，只有他家远，中午带饭，不是两个窝头就是两个馒头，外加一块咸菜。一天他正在教室吃午饭，老师端着一碗红烧肉走到他身边，放在他的桌子上，让他吃掉。老师走了，他端起红烧肉闻了又闻，看了又看，香得真想吃，可一想起妈妈说的，不许吃别人的东西，多少次想吃又放下了。他心中特别高兴，认为自己是一个特别听话的孩子，老师一定会表扬他。可没想到，老师进来一看他没吃，非常生气，端着碗就走了。看着老师生气的脸，他在心中打了一个结："老师不表扬我也就算了，为什么生气呢？丁老师真的让我伤心了！"他说几十年过去了，他一直在找答案。今天他当了爸爸、当了领导，他终于找到了答案："原来接受别人的爱，也是给别人爱，我没接受老师的爱，是我让老师伤心了！"学生在用一生找答案，我们老师是不是也该对我们的教育作些思考呢？

2. 教育需等待

很多时候搞了活动，有的学生可能当时并没理解或理解得浅薄；教育了学生，可学生当时并不接受。为此我没少流泪，也没少着急上火。今天回过头看我的教育，才认识到"百年树人"的深刻道理，教育有时需要等待。

一个学生在信中写道：

您组织的很多活动,对我来说是受益终生的。比如说,生日时送上的全班留言,让我认识到别人眼里的自己,发现了自己不曾注意到的缺点。那个日记本我一直都保留着,搬了这么多次家,它都一直跟着我。虽然回过头来看,自己那时很单纯,完全不知社会黑暗和不公的一面,坚信邪不压正,但是想想看,这又有什么不好呢?想想自己的孩子们,我还是希望他们能活在单纯的环境和单纯的理想里的时间多一些,不是吗?

自己当了妈带了孩子以后,才能更深地体会到您为我们付出了那么多。我想起百花山之行,您一个人,带我们几十号毛头小孩去爬山和在外面过夜。当然还有个随行的老师帮忙,但是责任都是您一个人承担啊。这是多大的勇气和责任啊。而您又是为了什么?现在还有像您这样能带着学生走出教室,走进大自然的老师吗?对学生的爱和付出,我想您做得真的不能再多了。我觉得我实在太幸运了,在人生的最重要的成形阶段能接受您三年的教诲。我想我的孩子们要是能有我这样的运气,我会天天偷笑了。

一转眼,我们都快40岁了(和您当初教我们时的年龄差不多,对吗?)。总结您给我们的教育精髓和自己的人生经验,我认为人生的成败都是由人生态度决定的。智商、运气,只能起一时的作用,生活态度和做人,才是决定人生是否幸福的关键。

3. 教师因他的学生而永生

我们给学生的爱,是撑起生命的爱。学生给我们的爱也是撑起生命的爱,我经常发自内心地说,没有学生就没有我的今天!

一个学生,在自己的爱人生命垂危时,想到的是班主任,她这样写道:

此时,心中一片空白的我,唯一要叫的人、唯一要喊的人、唯一要见的人,就是我最最崇敬的丁榕老师。

……

忍不住腾地一下跪在老师的面前，两年来憋闷在心中的所有的无助、无奈、无望、痛苦、委屈……刹那间伴着如飞瀑一样的泪水倾泻而出。在人生最最痛苦的时刻，没有想着叫自己的父母，叫自己的朋友、同学、同事，而是一味地要叫老师过来。

我平生第一次非常自私地、不顾一切地提出了个人的要求，我真是把亲爱的老师当作我生命中的精神支柱、坚实的靠山、最好的姐妹、最信任的朋友！我紧紧地依偎在丁老师的怀里，老师用她那双执教多年的手紧紧地抱着我的头，给了我面对死亡的勇气，给了我面对痛苦的顽强，给了我战胜自己的信心，给了我面对一切不公的坦然，给了我又一次生命。

看着学生的感人肺腑的话语，回忆我所走过的这一段路，我为我的班主任工作而骄傲！为我有这些学生而自豪！看着学生的成长，听着他们讲述着那动听的故事，唱着我们那些动人的班歌，我就如同生活在天堂！

我想发自肺腑地用我走过的50年的教育历程告诉所有的老师们：教师因他的学生而永生！

寄　语

我走过了幸福，也走过了坎坷，回首往事更想对今天的年轻人说几句贴心的话。要问我体会最深的是什么，我要告诉你们：幸福不是结果是过程，希望你们珍惜现在，珍惜每一天，珍爱生命，让每一天活出精彩，这样就会获得巨大的精神财富。

更希望你们记住：没有付出代价的欢乐是廉价的，因而也是不足惜的，得到时不必忘形，失去时也不必叹息，巨大的付出才会带来巨大的欢乐。

年轻的朋友们,美好的生活坐在沙发上盼不来,弹着吉他等不来,迫切的呼唤喊不来,要靠坚定的信念、坚实的脚步、辛勤的耕耘、无畏的拼搏。行动起来吧,年轻人!太阳会给你光芒,花儿会送你芬芳,高山会赠你气魄,大海会壮你胆量,生活会教你真理,改革会带来希望,学海会赠你财富,时间会造就栋梁。

我相信,你们比我做得好!一定会比我做得好!

丁如许

长期致力于班主任工作实践和研究,曾担任17年班主任,所带班均被评为学校文明班级,并荣获省、市先进集体称号;出版有《心灵的感受》《中学班会课》《魅力班会课》《给班主任的建议》《打造魅力班会课》《班会课100问》《中小学德育主任工作指导手册》等专著、参编著19本;应邀在全国250多个县市区讲学1000多场;被评为江苏省特级教师、江苏省有突出贡献的专家。现任上海新纪元教育发展研究院丁如许工作室领衔人,并兼任上海、江苏、浙江等地的校班主任工作室导师。

打造魅力班会课

让班级活动成为闪光的珍珠链

我是 1979 年 1 月走上教师岗位的。那是一个温暖的冬日,我来到了江苏省泰州中学,这所在当地被尊为"千年书院"的学校深深吸引了我。

校园里,宋代教育家胡瑗先生手植的银杏树历尽千年风雨后,仍枝叶如盖,硕果累累。学校治学严谨,有着许多享有盛誉的名师——叶凤梧、洪宗礼、杨本义、杨祖煊,可谓明星闪耀。我也萌生了一个愿望,要成为一名优秀的教师。

要成为优秀的教师,首先要服从工作岗位分配。刚进泰州中学,我就担任了班主任,而且是后进班的班主任。班上有"四大天王""八大金刚",个别同学还在派出所里"挂了号"。不少同学文化基础差,小学时上两年就留级一次,人称"逢二进一"。原班主任是个女教师,因为怀孕,精力不足,致使班级仍然存在着许多问题。

为了改变班级面貌,我动了许多脑筋。我想,要改变班级面貌,我们既要抓好学生的个别教育,单独谈话、上门家访、专题研讨等,更需要加强集体教育,通过开展活动来形成良好的班级舆论,建设优秀的班集体。

面对后进生较多的实际，我决心抓主动教育，抓有效教育。为此，我和班委会讨论，设计开展了评选班级小十佳活动，如"班级工作最出色的同学""学习成绩最优秀的同学""遵守纪律最自觉的同学""体育锻炼最积极的同学""改正错误最坚决的同学"，等等。评选班级小十佳活动，不是只依据一个标准来评选，而是从不同的角度来评选，因为"卓越不只有一种表现形式"。这样，每个学生都有争取"十佳"的机会。班会课上，我们又举行了隆重的颁奖仪式，鼓励学生争创先进。这样的思考和实践，极大地激发了学生的兴趣，调动了学生的积极性，班风班貌迅速转变，班级各项工作成绩突出。

在连续带了几届后进班后，学校又将带教实验班的工作交给我。这时，我有了新的思考：班主任工作中有哪些应成为我们的常项？怎样才能让学生得到更多的锻炼？学生的综合素质怎样才能有切实的提高？

我认识到班主任工作需要传承，更需要创新。当时我的想法是要进一步开展丰富多彩的班级活动。

于是，在泰州中学美丽的校园里，我和同学们一起设计系列活动的方案。我们像工程师勾画着蓝图。讨论，修改，实践，一张张纸页，承载着我们的理想和希望，一次次活动，也记录了我们的实践和收获。

在系列活动中，班集体迅速地形成，快速地成长，获得了许多成绩，也积累了丰富的经验。我认识到，班会课是班主任对学生进行教育的主渠道、主课堂。而主题活动是班会课的主要形式。精心设计的主题活动是德育的最佳途径，积极实施的主题活动是最有魅力的德育。"没有活动，就没有教育。"精心组织的主题活动，能使学生充分受益，终生难忘。

在初中阶段，我和学生一道开展了"做合格的中学生""当家乡的小主人""迈好青春第一步""我为团旗添光辉""谱写人生新一页""母校永在我心中"系列活动。同学们积极投入其中。许多学生在周记、作文中记录了自己的成长感悟。其中有位学生自豪地写道："我们的活动在全校是最出色的，也是全市乃至全省最出色的。班级活动给我们留下了美好的记忆。我们永远怀念我们的集体,永远感谢我们的母校,也永远会热爱我们的祖国!"同学们在活动中收获多多,充满幸福感。

几十年后,师生相聚,大家对当年的活动仍然记忆犹新,深情地讲述了活动的许多细节和许多成长感悟,令我感慨不已。

我对班级活动的研究也取得了初步的成果。1989年7月,我出版了《初中班(队、团)全程系列活动》一书。这本书详实地记录了我对班级开展系列活动的许多实践和思考。我认识到,班级活动应该系列化,通过精心设计,不仅要将教育寓于一个个富有吸引力的活动中,而且要形成一个整体,让学生在活动中"打下精神的底子","夯实人生的基础"。

按照这一思路,我提出了开展系列活动的十大原则;我们以系列活动的形式,每学期开展十次班级活动,形成由低到高、由浅入深的螺旋式循环上升的序列;通过研究和实践,形成了"初中三阶六十步活动方案"和"高中三阶六十步活动方案"(后来在专家的指导下,改为"全程系列活动");我还指导学生写了许多生动的活动纪实(后来汇编成《青春的足印——丁如许班级活动纪实选》)。《人民教育》《中国教育报》《文汇报》《江苏教育》《班主任》等十多家报刊先后报道了我开展系列活动的实践。《教书育人》杂志三次长篇刊载我的活动设计方案,编辑吕品告诉我,这几期杂志加印了不少,一时竟有了"洛阳纸贵"的感觉。

"教室大门常打开"。那时来自大江南北的老师走进了我的教室,听班会课的随堂课。"到泰州中学听丁老师的班会课"成为当时泰州中学一道亮丽的风景线。我也从课前的准备、课堂的实践和课后的交流中,有了许多的收获。

聚焦班会课研究

2003年4月,我调入上海工作。在这创新元素活跃的大都市,教育更为人们所关注,学生的综合素质发展更为人们所关注。我的研究也得到了进一步的深入和发展。

这时，我经常思考的是如何进一步提高德育的有效性，如何把我们成功的经验为大家所共享。在这一时期的实践中，我认识到：

第一，要关注学生综合素质的发展。对班级活动要提高目标认识。就班级活动的教育意义而言，不能狭隘地理解为只是德育。成功的班级活动应着眼于学生综合素质的提高，是实施素质教育的有效载体和重要抓手。

第二，要推进班级活动的课程化研究。由于现实的升学率、独生子女政策等多方面的影响，学校、班主任对活动少了热情，家长、社会则对安全问题尤为关注，到校外开展活动的难度不断加强；而我们又发现作为活动的重要载体之一的班会课其实有着很大的研究空间和丰富的研究内容，我们可以加强对班会课的背景设计、教育目标、操作方法、评价标准等多方面的研究。因此我的研究聚焦班会课，提出了"打造魅力班会课"的主张。

其时我正好受命领衔普陀区丁如许德育特级教师工作室。来自普陀区七所中小学的德育骨干和我组成志愿团队，先后以晋元高级中学附属学校和怒江中学为基地学校，以班主任专业发展研究为重点，以班主任实务为项目，致力于班主任工作创新研究。我们开展了六个专项研究，其中班会课为研究的主要内容。

班会课如何设计与实施才能满足学生的需求？对于班会课的设计原则、基本方法、模式建构，以及在设计和实施中常见问题的分析与解决方法，我们进行了一系列的讨论，并达成了很好的共识：

第一，班会课对学生的成长有着重要的作用，上好班会课是班主任的核心技能之一。

第二，在工作中，班主任要加强研究意识，做好资料积累。班主任在上班会课时要有三项基本动作：编制教案，拍摄照片，指导学生轮流写班会课实录。

第三，班主任要努力打造班会课的特色课、代表作。何为"特色课"？那就是你的学生、同事、领导会如数家珍地说起的你的令他们感动、催他们奋发、使他们难以忘怀的班会课。何为"代表作"？那就是在一定范围内展示研讨的班会课，在一定层次的报刊上发表的班会课教案或纪实文章。

我要求工作室学员每人每学期至少"精磨"一节班会课，以形成特色课，形成代表作。我当时问起工作室的"大姐老师"虞海云（学员中她年龄最长）有没有这种意义上的特色课、代表作时，她告诉我没有；当我鼓励她努力做时，她却对我说："丁老师，我上有老，下有小，每天忙得不得了，你去找其他老师吧。"所幸我是有备而谈的，我故作惊讶："你已经40多岁了，还没有特色课，还没有代表作，实在太遗憾了，你的时间不多了。"她当时有点恼火："丁老师，你怎么这样说话？"我告诉她：从退休这个时间点看，你的时间不多了；你还没有特色课，还没有代表作，应该为之努力。虞老师仔细一想，觉得我的话也有道理，于是决定打造特色课，形成代表作。

她根据我的选材指导原则，从"十面来风"中的"国家大事"角度进行选题，选取了汶川地震。我们去听了她的《在灾难中成长》这节课。应该说，有特色，但需要改进。众人拾柴火焰高，大家给她提了许多很好的意见、建议。令我难忘的是，有一天我打开邮箱，竟收到虞老师凌晨两点多发来的教案。"真是上有老，下有小，每天忙得不得了"，我非常感动。

虞老师"九易其稿"，在不同的班级试教。在工作室的帮助下，她的新课《面对灾难》以汶川地震为选题，既让学生感受到地震造成的巨大的灾难及对人类生活的破坏，感悟到生命的脆弱与珍贵，更展现了中国人民在抗震救灾斗争中凝聚成的伟大的抗震救灾精神。课的容量大，教育角度新，受到学生的热烈欢迎。后来我在许多地方讲课时也介绍了这一案例，得到了许多老师的认同，教案也很快在《思想理论教育导刊》杂志上发表，成为我工作室学员的第一节特色课，第一篇代表作。随后侯红梅的《珍爱生命，安全出行》、王笠春的《美丽微笑迎世博》、张佶的《诚实守信伴我行》等教案脱颖而出。

我们的研究得到了许多方面的重视、支持。《班主任》《少先队活动》等杂志先后发表了工作室学员的十多篇班会课教案，让我们备受鼓舞。

这时，时任华东师范大学出版社北京分社社长的吴法源特意来到晋元中学，我们倾心交谈。我们决定面向全国班主任征稿，编制一套"魅力班会课"课例丛书，为全国各地的班主任提供精彩的课例，丛书分为小学、初中、高中三册。

征稿信息发布后，许多学校、许多老师积极响应。我们收到了大量的来稿，每一份来稿都饱含着心血，蕴藏着智慧。

在大家的共同努力下，这套书的编制历时一年，在2009年9月正式出版，首印就是45000本。教育在线上，有老师留言，看了目录就想三本书都买。有老师赞道，魅力班会课，课课永流传。我在广州讲课时，主办方特意安排了现场签名售书活动，老师们排成长队，我签了一本又一本。真诚的鼓励温暖了我们的心。

《班主任》杂志邀请我写连载文章《打造魅力班会课》。连续两年的连载文章得到了全国各地班主任的好评。这时，华东师范大学出版社北京分社新任社长李永梅和我作了进一步的策划（她先前就是《魅力班会课》的责任编辑），我们认为"魅力班会课丛书"应更具有系列性，为全国的班主任提供上好班会课的翔实指导。

我以极大的热情投入了系列丛书的编写。三年后，终于形成了"魅力班会课"系列丛书：《打造魅力班会课》重在"打造"，是"方法论"，12篇专题论述加链接补充，阐述上好班会课的有效方法，总结上好班会课的科学规律；《魅力班会课》（小、初、高三卷）重在"课例"，是"案例卷"，每卷25篇班会案例加专家点评，提供上好班会课的实证课例，引领大家进入上好班会课的智慧之门；《班会课100问》是"对策集"，对100个工作疑难的巧思妙答，排解上好班会课的重重疑难，引领大家走进上好班会课的自由殿堂。

特别是《班会课100问》，直指班主任在上班会课时会遇到的家常题、疑难题，如怎样选材、怎样调动学生的积极性、怎样发挥任课老师的作用、怎样写好班会课教案等。对一些常遇到的难题，我们又进一步细加分析，如怎样写班会课教案又细分为怎样设计课题、怎样制定教育目标、怎样写简案等。

面对征集到的许多问题，我提出要给予"最佳"的解决方案。所谓"最佳"，指在某一时段内应是最好的。许多文章反复讨论，几易其稿，结合课的实践，反复打磨。比如怎样开展青春期教育，我们就这一话题多次备课，多次面向全国开课研课，最后形成了比较成熟的班会课方案。

在全国各地班主任的大力支持下，这套书面世后，得到了许多学校、老师的欢迎，成为许多班主任的案头书。

怎样使班会课更有魅力

2013年3月，对我来说特别有意义。在教育岗位上工作了30多年，并延迟一年退休后，我光荣地退休了。退休以后，我还记挂着班会课的研究。这时我来到了上海新纪元教育集团。

我与上海新纪元教育集团之间原本就保持着良好的合作关系。集团的不少老师响应过我班会课教案的征集，好几位老师的教案入选了我主编的"魅力班会课"系列书籍；我也多次应邀在集团总部及集团所属学校作专题讲座。

刚退休的我希望关注中小城市，希望关注西部学校，希望关注民办学校，让班会课的研究内容更丰富，让班会课的研究成果更具有推广价值。

在新纪元教育集团的支持下，我主持集团丁如许工作室的研究，来自集团所属浙江平阳、瑞安，重庆云阳，四川广元学校的德育骨干八人参与研究。我们每月开展两次研讨活动。其时我也兼任了上海、江苏常州、浙江杭州等地学校班主任工作室的导师。

"让班会课更有魅力"，成为我这一阶段行动的响亮口号和积极实践。

怎样使班会课更有魅力？我们认识到，直击学生心灵、关注学生成长的选题会使班会课更有魅力。理想追求、班级纪律、学习方法、学习经验、青春期早恋、网络文明、同学友谊、人际交往……许多选题值得我们关注。点燃理想火炬，聚焦文化学习，着眼素质发展，一节节精彩的班会课将在学生成长的路上留下印记。"因时而动""因班制宜"体现了选题的及时性和针对性。

怎样使班会课更有魅力？我们认识到，形式多样、生动活泼、易于操作、学生积极参加的活动使班会课富有魅力。激情飞扬的歌唱、抑扬顿挫的演讲、唇枪舌剑的辩论、感动心灵的汇报，学生在班会课中学习锻炼，收获成长。这样的班会课也展示了班主任"背后"的智慧。

怎样使班会课更有魅力？我们认识到，班级例会上班主任入情入理的分析，主题活动中班主任细心的观察、激情的投入、精彩的点评，主题教育课上班主任智慧的讲述，使学生难以忘怀。这样的班会课也彰显了班主任"台前"的风采。

这里所说的主题教育课是我们研究的新重点。实践中，我们发现不少班主任、学生对活动式主题班会颇有"抵触"。仔细研究，发现问题有两点：一是活动式的主题班会有时准备时间过长，在升学率的高压下，学生真的没有时间进行充分的准备；二是活动式的主题班会存在"过分准备"的情况，一切按事先的排练进行，你说什么，我说什么，按预设来，学生成了班主任手中的"牵线木偶"。教育本是指导学生求真、求善、求美，这样弄虚作假，为大家所诟病。

于是，我们加强了主题教育课的研究，并取得了新的共识。

主题教育课是近年来迅速发展的班会课的新课型，是班主任根据工作布置和班级情况主持、主讲、主导的专题教育活动。要上好主题教育课，我们应在"主题""教育"上下功夫。

主题教育课，主题的选择、确立非常重要。我提出了"主题鲜明，材料充实"的主张。

主题的提炼、确立首先跟选材有关。如今的社会，多元的思潮、多元的价值观必然会对学生产生多方面的影响，再加上中小学生涉世未深，人生观、世界观、价值观正在逐步的形成过程中，因此主题班会课的选题要恰当，要有及时性和针对性。

在"十面来风"的选材基础上，班主任要加强学习，用社会主义核心价值观作指导，引领学生树立正确的人生观、世界观、价值观。

主题确定后，要围绕主题进行多层面、多角度的材料筛选，力争材料充实。这个"充实"，具体表现为材料是新鲜的、生动的、丰富的、典型的。班主任要作好充分的准备。

主题教育课，顾名思义，重在"教育"。我又提出"立足教育，形式多样"的主张，强调要运用形式多样的教育手段，增强教育的艺术性和实效性。

主题教育课常用的手段之一：师生对话。

班主任设计话题时要小一点、实一点，注意话题的递进性。比如"学会珍惜时间"，班主任可设计"你能介绍名人珍惜时间的故事吗？""你知道一分钟能做多少事吗？""你思考过自己时间的安排是否合理吗？"等话题。

班主任更要关注在班会课教学中课堂生成的问题。如有位班主任上主题教育课《做一个受欢迎的人》时，有学生回答问题时谈到应如何对待班级"差生"。但班主任当时对学生这样的说法未予置评。事后评课时，我指出，在班级同学之间不应该有"差生"的提法，并坦诚告诫，如果有同学直接称呼他的同学为"差生"，这样的人是难以受到更多的人欢迎的。

主题教育课常用的手段之二：小组讨论。

师生对话是老师和学生的交流，小组讨论则是生生之间的交流。小组讨论的形式是多样的，可以是同桌，可以是四人小组。一般说来，同桌讨论的话题比较简单，四人小组讨论的话题比较复杂。

在四人小组讨论时要明确谁是小组长，要指导组长和同学紧扣话题进行讨论，注意讨论的实效。

主题教育课常用的手段之三：情境（情景）思辨。

情境（情景）思辨是体现道德认知的重要表现形式。班主任要巧设情境（情景），用情景题、图片、录像等，引发学生思考、辨别甚至辩论。对高中生，还可编制正方、反方题，来调动学生参与的积极性。

主题教育课常用的手段之四：课堂活动。

班会课也可以开展课堂活动。这种课堂活动是简便易行，不需要学生事先作准备的。比如猜书名、巧拼图块、十秒击掌等课堂活动，寓教育于活动之中。我在许多地方讲课，当场开展一些课堂活动，老师们笑声盈盈，有所收获。

我们还认识到，同一主题在不同的年段召开，所采取的形式应有所不同。如禁毒主题教育课，在小学高年级上时，应以讲授知识为主，辅以师生对话；在初中时，则应以情境（情景）思辨题为主。

在主题教育课上，班主任要担当起"三主"的重任，即做好主持、主讲、主导工作。

所谓主持，指班主任是主题教育课的主持人。作为主持，要眼观六路，耳听八方，学生的细小的反应，如皱眉、撇嘴、嘀咕、会心一笑，都应该引起班主任的关注和思考；作为主持，应穿针引线，承上启下；作为主持，要调节气氛，推向高潮；作为主持，要把握节奏，总结全课。

所谓主讲，指主题教育课班主任要"扛大梁"。班主任要精心设计，广泛选材，合理取舍，科学构架全课，由浅入深，由表及里，由现象到实质，并旁征博引，娓娓道来，晓之以理，动之以情。讲述时设身处地，贴心贴肺，使学生入情入境，入心入脑。

所谓主导，指班主任要加强学习，研究班情，直面学生的学习生活，关注学生的困惑，走近学生，抓住学生中存在的主要问题，或是思而不解的问题，给予积极的引导。如早恋、网瘾、学习缺乏动力、心理障碍等难题，导以方法，晓以道理，真正解决学生的实际问题，使学生有所触动，有所感悟，有所进步，进而为自己的行动，收到实效。但"主导"不等于"我说你就要听"，而是重在"引导"，以理服人，以语言魅力打动学生，以人格魅力感动学生。

主题教育课要走进学生心里，一定要体现师生的互动，让学生参与讨论，让学生思想的火花迸发，碰撞，升华。

主题教育课虽要做到"三主"，但要避免老师的"一言堂"，避免老师的"独角戏"，可以问卷调查、回答问题、小组讨论、情境思辨等形式调动学生参与的积极性，使班会课气氛活跃，学生的心灵之门敞开。

怎样使班会课更有魅力？我们还认识到，班会课是师生共同的舞台。方案，一起设计；难题，共同讨论。教室布置、节目准备、讲稿考虑、细节推敲，每一节班会课都凝聚了师生共同的心血、共同的努力。

怎样使班会课更有魅力？我们更认识到，班主任是班会课的总策划。在班主任专业化发展的大背景下，班主任要成为学生成长的人生导师，应精心设计、积极实施每一节班会课。作为班主任，要让班会课更有魅力，还必须加强"集体备课"。

在"集体备课"的思考下，我认识到听课前要备课，听课后要研课。我的工作室曾与中国教育服务中心教育发展部、北京师范大学基础教育研究中心、华东师范大学职业教育中心等许多单位合作，举办了 20 多次面向全国的班会课研讨活动，或为小学、或为中学、或为本班、或为借班、或主题活动、或主题教育、或基本选题、或随机选题。开课后均组织研讨交流，来自全国各地的班主任各抒己见，丰富了我们的思考。

在"集体备课"的思考下，我还认识到应该从学生的成长过程中寻找发展规律，形成相对稳定的班会课内容，我称之为班会课的基本课。我们合力提出了从小学到高中的 120 节精彩的班会课基本课。班会课的基本课研究将改变班会课的随意性、无序性，体现教育的主动、积极、有序、有效，有力地推进班会课课程化研究。

曾有老师问我，是喜欢学生活动为主的主题班会，还是喜欢老师讲述为主的主题班会。我认为二者各有所长，该用什么，就用什么。学生活动为主的主题班会和老师讲述为主的主题班会，各有精彩，使班会课更有魅力。

我的班会研究梦

要搞好教育工作，教师、班主任应成为一个有梦的人，一个追梦的人。作为一个班会课研究者，我的梦就是"班会研究梦"。具体内容为——

打造优质课。在五年时间内，编制 100 节班会课优质课教案。具体为《小学主题教育 36 课》《初中主题教育 36 课》《高中主题教育 28 课》。目前均已出版。

共建资源库。在实践中，我发现许多班主任也是想上好班会课的，但是缺少参考资料，缺少班会课的资源库。班会课的资源库形式是多样的。比如图书，这些年来，华东师范大学出版社推出的"魅力班会课"丛书就是很好的资源。但现在老师们可能更喜欢搜集网上的参考资源。因此，我和北京创新国基教育咨询中心、华东师范大学电子音像出版社合作，创建了面向全国的班会课资源网（www.bhkzy.com），并于 2014 年 4 月 20 日开通。资源需要共享，资源更需要共建。我希望每位班主任做一个有心人，建好自己的资源库；我希望每一所学校加强工作规划，建好学校的资源库；我们共同努力，建好班会课的资源库。

举办研讨会。在实践中，我们认识到案例交流、思想碰撞、经验共享是很重要的。而专题现场研讨会是有效的形式。北京创新国基教育咨询中心刘胜平主任非常认同我的思考。2012 年 11 月，我们和陕西师范大学附属中学、西安市曲江第一中学合作，举办了首届全国中小学班会课专题现场研讨会。2013 年 4 月在河南济源、2013 年 11 月在江苏常州、2014 年 4 月在重庆云阳分别举办了第二届、第三届、第四届研讨会。研讨会不断创新，本校老师上课和外请老师借班上课、主题活动和主题教育课、基本选题与时代选题、专家报告与基层经验、台上点评与走进听众席的互动式点评，每次会议有传承，有创新，不断发展，不断完善，得到了与会老师的热烈欢迎和高度好评。原来班会课是这样的精彩，我的打算是五年内举办十场大型班会课研讨活动，覆盖东西南北中（目前的四届已体现了对西北、中部、华东、西南地区的覆盖），让班会课的研究成果更好地与更多的学校分享。

《新课程研究》2013 年 9 月以卷首语刊发了我的文章《我的班会研究梦》。这是我对社会的郑重承诺，也是我对班会课研究的行动誓言。

当然，需要说明的是，班会课是我们建设班集体的重要举措，但不是唯一举措；班会课是班主任进行教育的重要抓手，但其他抓手，比如个别交流、家访、专题研讨等等也很重要。没有一种形式是万能的,只有综合运用,才能实现教育的最佳功效。

30多年来,我和全国的班主任一起致力于班会课研究,我们共同创造了许多令我们引以为自豪的成绩。

"众人划桨开大船",在全国班主任孜孜不倦的共同努力下,班会课一定会更有魅力。打造魅力班会课,一定会成为更多班主任的积极实践和自觉行动。

李 迪

河南省郑州市科技工业学校高级音乐教师,国家二级心理咨询师,河南省作家协会会员,河南省骨干教师,河南省学术技术带头人,郑州市优秀教师,郑州市名师,李迪中职德育工作室主持人。主要作品有《李迪文集》《做学生欢迎的班主任》《我和学生谈爱情——将爱情教育进行到底》《做一个优秀的中职班主任》等。

做一个有魅力的班主任

无招胜有招——"无条件接纳学生"

被学生伤害,对于班主任来说在所难免。受伤后,我们只有无条件地接纳学生——既接纳学生积极、光明、正确的一面,也接纳其消极、灰暗、错误的一面,才能保持淡定、平和的心态,解决问题。

比如,我班小松和小樱下午放学后没有拿假条就要出去,门卫问:"请假条呢?"答:"没有找班主任批。""你们班主任呢?"小松脱口就说:"死了。"……

五分钟后,我听说了此事。十分钟后,全校班主任都听说了此事。有老师气愤之下建议我狠狠批评小松,再请家长来校配合教育。但是,学生说的分明是没过脑子的气话,我这班主任怎么追究?又能追究出什么?我遇到的就是这样的学生,我除了接纳还能怎样?我选择了沉默。

但是小樱和小松似乎过意不去,却也不找我道歉。尤其是小松,一开始颇为消沉,几天后,逆反心大起,作出一副积极应战、准备攻击别人的模样。我恍然明白,她叛逆、嚣张的背后,是惧怕,是疑虑。她摸不准我的心思,她不知道为什么自己骂了老师,却没有得到惩罚。等待未知惩罚的过程一向是最难以忍受的。所以，她按捺不住，也许感觉我虚伪，也许猜测我阴森，便故意要激怒我，好让惩罚早日降临。

我该怎样让她相信并且明白，老师对她有着完整的接纳？我该怎样让她知道，我无意追究一个没有结果的行为？

我给同学们讲了一个女鬼的故事："从前，一对青年男女一见钟情，两个人相约白头到老并结了婚。但是，有一天半夜里，男的忽然发现心爱的姑娘披头散发、青面獠牙地站在床前，她那锋利的、尖尖的指甲在月光下泛起阴森的光，正指向男青年……同学们想一下，这个男的会有什么反应？"

学生惊呼一声后纷纷回答："还不掐死她！""掉头就跑。""装睡，天亮了再想办法……"

我摇头，说："这个男的想都没想就抱住她，说：'亲爱的，你怎么了？亲爱的，你是不是很难受？'他反反复复就这么两句话，任凭女鬼的指甲将自己伤害得遍体鳞伤，任凭女鬼的牙齿把自己啃噬得鲜血直流，他依然不肯放手。在这样的关心之下，女鬼的指甲逐渐变短，面目逐渐温和，终于恢复了原先清秀甜美的模样。"

同学们长长地呼出一口气，我说："现在，请同学们想一想，如果你成了'女鬼'，有没有这样的人宽容你？"

学生陷入深思，纷纷摇头。

我说："不，有的，请相信现实里有这样的人容忍你们、心疼你们。其实，我们每个人都有青面獠牙的时候，比如在你气急败坏、蛮不讲理、口不择言的时候，势必会伤害别人……"

讲台下马上有学生回答："对，我生气的时候就青面獠牙。"

我朝她点头，说："这时候，能紧紧抱住你，问你'亲爱的，你怎么了'的人，可能是你的父母……"学生瞪大了双眼认真倾听，显然接受了我的观点，我又用发自肺腑的声音继续道："此外，还有一个人，那就是你的班主任——我。从你来到这个学校的第一天，我们就被拉到了一起，我必须容忍你的缺点，我必须无条件地关心你的成长。面对你的生气、恼怒、伤害……我只能紧紧抱住你，一遍遍询问：'孩子，你怎么了？你究竟怎么了？'直到你的指甲慢慢缩短，恢复原先眉清目秀的模样。"

我必须承认，自己这一番话说得非常动情，学生被感动了。我在走出教室前又强调了一句："我会耐心等待你们恢复清秀可人的样子的，无论你曾经怎样面目狰狞地伤害我，我都会等待你恢复成天使的模样，包括小松……"

第二天，小松和小樱就来找我道歉了……

很多时候，解决学生的问题就一个词——接纳，因为学生本身就有自我完善的能力，只要给他们一个宽容、温暖的环境，让他们感受到老师虽然经受着受伤的痛苦，对学生却真诚善意，就足够了。我这样做是在强调师爱吗？是，又不完全是，因为在我表达自己无条件接纳学生的时候，情景教育因故事本身设置的悬念而引人入胜、充满智慧。这样的爱更显理智，形式更加新颖，对孩子又充满信心，学生自然乐意接受，并被老师深深吸引。

武林中盛传"无招胜有招"，用在我们教育界，胜过"有招"的"无招"，就是"无条件接纳学生"。

知识渊博——敢于让自己的课堂跨越学科、营养丰富

一直认为，在语文、历史、政治、音乐、美术等课堂上，教师传授知识是次要的，主要是激起学生对智慧的爱，使其受到美的熏陶。

比如，有一次，我在为学生上德育课的课间，一个男生看着我的电脑屏幕好奇地说："《两头忙》？老师，你这里的《两头忙》是什么意思啊？"

我说："这是一个河南坠子的唱段。"

学生惊叹："老师喜欢看戏啊！河南坠子就是豫剧吧？"

我笑说："河南坠子是说唱音乐，属于曲艺；而豫剧又叫河南梆子，是戏曲。哪个同学来谈一下曲艺和戏曲的区别？"

学生中总有一两个具备这样的常识。我们一起探讨，马上总结出：坠子一般一个主唱，三人伴奏，他们都在舞台上。主唱可以扮演好几个角色，边说边唱边打节奏，或坐或站或走动。演出场合在酒楼、茶馆、富贵人家的客厅，甚至大街上。而豫剧需要很多演员各扮演一个角色，一般在戏楼里演出。伴奏也复杂些，演员在台上演出，伴奏在幕后或乐池里。

另一个学生摇头："真想不通，以前的人怎么会喜欢听戏。"

我马上又问："谁能解答这个问题？"

片刻间，大家又在我的引导下总结出：以前没有电影、电视、电脑，人们要休闲放松、谈生意、联络感情，不能总在家里啊！到戏院看戏，或在茶馆、酒楼听一些说唱音乐，都是很好的交流方式。当时，普通百姓没办法接受学校教育，戏曲和说唱音乐便起了很好的教化作用。

学生瞪大了眼睛，有人说："老师，我们听听《两头忙》吧！看看我们总结得对不对。"

我点击打开，一个妙龄少女出现在屏幕上，轻启樱唇唱道："高高山上有两街坊，一家姓李一家姓张。张家有一位大公子，李家有一位大姑娘。他们两家门当户又对，商商量量就拜花堂。正月里提媒二月里娶，三月里就生了一个胖儿郎。四月会爬五月会跑，六月里送到学堂念文章。七月里进京去赶考，八月得中了状元郎。九月领凭去上任，十月里告老还家乡。十一月得了一个冤孽症，他是腊月三十见阎王。你说这个小孩儿他的命多苦，他一辈子没喝过饺子汤。恁要问这是一个什么段儿，咱们起名就叫《两头忙》。"

也许因为新奇，或者因为女孩子声音清脆动听，学生兴趣颇大。他们听到女孩子唱"三月里就生了一个胖儿郎"就开始会心微笑，最后感叹："老师，这也太夸张了，哪里有这么快啊！一年不到他就上学、考状元、告老还乡、得病去世了。"

上课铃响了，有人说："蛮新鲜的，老师，再听一遍。"我便重新播放一遍。

这次，已经有一部分学生沉思起来。我问："感受到其中的教化作用了吗？"

学生点头，又摇头，接着要求："老师给我们讲一讲吧！"

我说："这段坠子反映的其实是一个哲学问题——人生何其短暂！少年、青年、中年、老年，可以用一年四季来表示。"

学生恍然大悟："少年是春天，青年是夏天，秋天是收获的季节，是中年，冬天是老年。"

我点头："也可以用一天来表示。早晨相当于我们的——"

学生："少年。"

"中午——"

"青年。"

"下午——"

"中年。"

"晚上——"

"老年。"

我最后说："然后就是休眠了。"

教室里安静了一些，有人叹息："这个话题怪沉重的。"

我说："是啊！所以我们要珍惜时光。人的一生真是转瞬即逝的事情，咱可不能白来世间走这一遭……"

接下来的课堂，学生认真了很多……

其实，何必把知识划分得那么清楚呢？若是单单讲哲学，学生必然排斥；单单欣赏曲艺，学生会觉得落伍；只讲职业生涯规划，又觉枯燥。远不如这样瞅准机会，哲学与人生、曲艺与文学、职业生涯与音乐……统统混到一起讲，如东北名菜"乱炖"，味道鲜美、营养丰富，岂不甚好？

所谓教无定法，所谓"润物无声"，或者说文化熏陶，包括"教育即生活，生活即教育"等，指的就是这样的师生讨论吧——让人在不知不觉中，就感受到了传统文化的魅力。再进一步说，在交流中受到心灵净化的，其实不仅仅是学生，更有老师。至少，我在和学生这样的交往中，切实体会到孩子们都有向上、向善、向美之心，我常常为他们的纯洁、坦率所感动，是他们一次又一次激发了我的灵感，让我在书中读到的知识变得活泛起来，让我在传播知识的同时，感受到自己的"富足"和存在的价值。

善于倾听——抓住引导的契机

闲暇时阅读《西游记》，看到悟空学会七十二变和筋斗云后，回到花果山自信满满，一会儿到地狱里毁坏生死簿，一会儿又到东海龙王那里抢定海神针，并将定海神针变到无限大，甚至给天捅了一个大窟窿……

我掩卷沉思：悟空如此闯祸，是故意的吗？显然不是，他是不知道在秩序的社会里，我们应该遵循的法则、法规，因此与整个天庭有了矛盾冲突。

如今再来看我们的学生：他们吵架、旷课、迟到、与老师闹矛盾……他们是故意气老师的吗？我看未必。其实我们与学生的很多矛盾、误会，是因为缺乏有效的沟通导致的。而有效的沟通，需要认真倾听、耐心引导。

比如，2013年4月23日，四川雅安地震第四天，学校要求各班利用早读时间组织学生为灾区募捐。那天上午第一节是三班的课，我一走近教室，就听见班主任辛老师在发火："国家为了培养你们，花了多少钱，现在雅安地震了，让你们捐点钱，让你们为国家分些忧，这个要求过分吗？现在看看你们捐款的数目，怎么就那么没有感恩之心……"

辛老师一边说，一边气冲冲地走出教室，迎面看见我，便和我低声私语道："我知道小雪家庭条件蛮不错的，平日里大包小包地买零食吃，现在向灾区捐款，她却不情不愿，竟然只捐了一元钱，和她要好的学生也跟着只捐一元……"

辛老师气呼呼地离开了，小雪等几个学生在自己的座位上嘀嘀咕咕。我审时度势，认为马上上课显然不够明智，便让她们站起来大声说出自己的心里话。

小雪率先发言："我们还是学生呢！我们捐款捐的也是父母的血汗钱，何况，就算每人捐十元，有什么用啊！"

另一个女孩子也附和说："班主任说得没错，我们上学，国家补助了很多。但我就纳闷了，既然国家每年补助我们每个中职学生花费很多，可见国家有钱，何必非要在乎我们这点零花钱……"

有几个学生跟着点头。又有人七嘴八舌地说："从小学到现在，我都不知道自己捐了多少次钱了，虽然每次捐款不多，但我们是来学习的，不是来捐款的。我们又没有工资……"（当时网上这样的论调很多，学生估计是在网上学到的。）

班长听不下去了，说："这是学校组织的活动，别的班级都捐款，就咱们班不捐行吗？难道人家班学生都有钱，就咱们班学生穷，没钱？"

更多的学生却选择了沉默。班长的话显然不能让同学们服气，却也无言反驳。

等学生情绪平静下来，我说："同学们的心事我明白了。现在让我谈谈自己过往的经历：我的孩子第一次送我生日礼物时，他才七岁，他用我给他的十元零花钱给我买了一支口红。其实，我平时用的口红都比较贵，但自从有了孩子这个礼物，别的口红我就不再用，而是先用这个廉价的口红。同学们想一想，我为什么会这样？"

学生纷纷回答："您在意的不是口红的价格，而是孩子的心意。"

我点头："十元钱本来就是我给孩子的零花钱，孩子用我给他的钱为我买礼物，我特别高兴，又是为什么？"

学生回答："因为你觉得孩子有感恩的心，有孝心。"

我点头："是的，我是在培养孩子对母亲的孝心、感恩心。同理，雅安地震了，为什么学校要组织大家捐款？难道国家真的穷到了需要同学们，甚至幼儿园的小朋友拿出零花钱支援雅安的地步了吗？不是的，雅安灾民需要的不是同学们的钱，而是你们的关心。所以我们捐的不是钱，而是对灾民的关心。捐款只是关心他们的一种方式。学校组织学生捐款也不是走形式，而是希望有一个'他人有难、八方支援'的社会环境，是希望我们拥有这样一种习惯——在别人有了困难的时候，我们应该伸手帮助他们。也是让同学们明白一个道理：一个人是否富足，不在于他（她）拥有多少金钱，而在于他（她）是否有能力给予他人更多温暖。这一习惯的养成是需要从幼儿园时期就开始的。刚才几个同学说得不错，我们来到学校，为的是学习、成长，不是捐钱。但培养感恩的心，养成帮助别人的习惯等，就是学习的一部分啊！捐钱只是形式而已。"（以上交流，我运用了心理学中的"自我开放"，亦称自我暴露、自我表露，指教师提出自己的情感、思想、经验与学生分享，其目的不在于谈论自己，而在于借自我开放来表明自己理解并愿意分担学生的情绪、困惑，促使学生作出适合自己的选择。）

班里学生纷纷点头，表示认可我这一说法。我再次感叹：我们的学生处于青春期，似乎满身是刺，其实挺讲道理的。在我们师生的意见有了分歧后，只要能仔细倾听，平等对话，合理引导，学生必然能分清是非。

且让我把捐款的故事继续下去。

不等下课，小雪就坐不住了，她说她要找班主任请假，打算今天就到灾区做志愿者："我没捐款，但我可以用行动支持、帮助雅安人走出困境。"同学们都惊呆了，纷纷劝她不要冲动。小雪却一副倔强的表情。

我问："你打算怎么去雅安？"

"我自己坐火车去。"

"你打算带什么东西去？"

"老师，我没钱，也没有物，我只有热心，我会去帮助他们干活，我可以去安慰灾民。"

我问学生："你们通过电视，看到现在灾区人民每顿饭都吃什么了吗？"

学生纷纷回答："他们吃的白米粥、白水煮面条，没有一点蔬菜。"

我点头："而且每人只给一勺，只是不让饿死而已。你就这样过去……"

学生纷纷笑道："你去抢人家的口粮呢！""说不定会成为人家的累赘。"

小雪不死心，说："就算我去吃了他们的一点口粮，但是我可以安慰那些灾民啊，我可以去疏导他们的心理问题……"

我正色道："小雪，做心理咨询是一门很专业的学问，你没有咨询师的资格证，是不能做心理咨询的。就算你有了心理咨询师的资格证，也未必适合做创伤后应激障碍的工作，应该让那些有能力的人去做这个工作。你不能拿着灾区的人做实验。而且，据我所知，创伤后应激障碍，至少应该在灾害停止后数月，才开始诊断治疗。"

小雪忽然很沮丧："那我能做些什么？我只捐了一元钱，又不能去做志愿者……"

我说："学校组织这个活动的目的本来就是为了让你们养成关心他人的好习惯，现在你已经在这个活动中反思了很多，你更加成熟了、理智了。你只要安心学习，做好自己的事，就足够了……"（以上对话，我运用了后文要提到的"面质"，又称质疑、对质、对峙、对抗、正视现实等，是指老师指出学生身上存在的矛盾。其目的并不在于向学生说明他说错了什么话或做错了什么事，而是反射矛盾，帮助学生理清头绪，作出正确选择。）

身为班主任，我们确实很忙。但是无论多么忙，在与学生的交往过程中，也要养成认真倾听的习惯。只有了解了学生的真实想法，才可能对症下药。我们常常看见一些老师批评学生时，言语像连珠炮似的，其实那些批评的内容多是宣泄不满，是重复了无数遍的老生常谈。学生在受训时之所以一言不发，并非为我们的逻辑所折服，而是我们尚未开口，学生就知道我们要说什么，或者他们认为沟通无效，干脆懒得理我们。

我个人认为，在与学生交流的时候，老师首先不要说此类话："凡是……，都……"（比如，"凡是只捐一元钱的同学，都没有感恩心、同情心"），或者"你肯定是……"（比如，"你肯定是故意和学校的决策作对，你不捐钱不是没有钱，而是自私"）等。这两个句子本身就有很大的漏洞，会让学生感觉我们不可理喻。因为我们的感觉和事实真相之间总有很大一段距离。我们看到的是学生不情愿捐钱，我们断定学生没有同情心、感恩心；而学生看到的是国家给了中职生很多补助，学生纳闷："这么强大的国家怎么就看上了我口袋里的零花钱？"双方的想法不一致，却不作有效沟通，自然会有矛盾出现。

其次，在与学生交流时，老师需要避免使用的句子还有"你应该……""你必须……"等，这些都是居高临下想当然的话，会让学生觉得自己与老师不平等。从心理学角度看，没有人心甘情愿地俯首帖耳、聆听教诲。被别人耳提面命本身就是一种不平等，显示了信息接受者弱者的身份。而自尊又使每个人都渴望成为强者，渴望依靠自身力量去发现问题、解决问题，获得真理性的信息。

因此，老师提出"你应该……""你必须……"等要求，远不如蹲下身子来耐心倾听学生的心声，充分表达对学生的尊重，与学生产生共情，让学生感觉到我们能设身处地体会到他们的烦恼，理解他们的观点等。

这是师生有效沟通的第一步。

当师生的心都处于开放状态后，老师便可以用自己较成熟的观念去影响学生。

这种问话方式被称为"苏格拉底产婆术"。据说，苏格拉底的妈妈是一个"接生婆"，他从妈妈的工作中得到启发，认识到每个人内心深处都有真理，都有正确的选择，而老师就如同一个"接生婆"，他的任务就是要帮助学生"生"出（即发现）他（她）自己的真理。

第三，在和学生交流的时候，老师应当保持清晰的思维，学会分类。比如上文，我告诉学生我们组织的活动形式是捐款，实质是对雅安灾民表示关心，是学习感恩……这就是为事情的形式和目的作分类，使学生能在老师理智的引导下明白事理。

以柔克刚——转败为胜的法宝

午休时我接到一条短信："老师，我是小西，请你以后不要把我当教材。谢谢！"

上午我在给二年级某班学生上课的时候，谈到哲学的"爱智慧"，即对事物保持一颗好奇的心，探究事物的真相。当时我引申说：其实，我们遇事保持好奇之心，多问一些"为什么"，就不会在受到冒犯或冲撞时生气。比如，有一次我们班一个学生——这时我忽然想到这个班的很多男生和小西是好朋友，忍不住笑说:"呵呵,就是小西啊!他有一次在班里怒气冲冲地看着我,像看仇人一样。我当时莫名其妙,脑子却在飞快转着:'他今天怎么了?他为什么这样对我?难道是我哪里得罪他了……'这样一想,我只顾着反思自己的错误,我只想知道他生气背后的原因,就不再着急,因为我没时间着急了……"

当时我感觉用身边的例子讲述,学生会更容易理解。没想到,小西却受伤了。想想也是,很多在我们成年人看来没什么大不了的事,在学生看来,却可能会大失面子。比如前段时间我看莫言的一篇回忆自己上学时代的故事。说有一次学校集会,校长说话长篇大论,莫言急着要上厕所,喊了几次报告,校长都没听见,最终莫言受不住了,一边向厕所跑一边哭喊:"忍不住了啊,我拉了……"(大致意思是这样,原文我忘记了)这一行动导致全校师生——包括校长在内,笑得前仰后合。莫言现在不觉得自己童年时期的"糗事"丢人,我们也感觉莫言当时很可爱。但是,我相信在莫言青春期的时候,谁要谈起此事,他绝对会生气恼怒的。这就是"时位之移也"。

现在再来看上午讲课举例的事,我真是对不住小西了。我只以我这成年人的观点来做事,却没想到小西会受不了。可见,就算我们一直怀着质疑自己的虚怀若谷的心,也难免会有伤害学生的无意行为啊!

于是我急忙给小西回短信:"对不起小西,我以后不会再讲了,希望你原谅我。老师虽然是成年人,却也有考虑不周的时候,我伤害了你,是我错了!"略一思索,我又发一条短信说:"谢谢你提醒了我,我不希望自己伤害任何学生——哪怕是无意的,我以后一定注意。"小西马上回复:"嗯,老师,没事了。"

我好感动,孩子原谅了我。但我告诉自己:一定要引以为戒。马克斯·范梅南在《教育机智》一书中说:"教育学是一门实践性学科。一方面,教育者需要为了儿童的幸福随时准备站出来并接受批评。另一方面,教育学是一种自我反思的活动,它必须愿意对它所做的和所代表的随时质疑。"

我深以为然。我们需要为了儿童的幸福随时准备站出来接受批评,并对自己的言行进行质疑。一个敢于认错的个体,是一个灵魂不断得到净化、不断进步的人。因为真理永远都是相对的，老师与学生交往中的很多事情，根本就分不出个你是我非。倘若老师在受到学生反驳时，首先想的是保住"面子"，而不是敞开胸怀接纳不同意见，只怕我们会丢失更多面子。相反，当我们不是为自己的"面子"辩解，而是虚心接受批评时，其实是在用自己的言行告诉学生如何知错就改，如何拥有一个宽广的胸怀，如何用完美的眼光，接纳不完美的自己和他人。这时，学生便会从老师的角度考虑问题，这才是既解决了问题，又保住了双方的"面子"。

教师对于自己与学生交往中的不足固然要质疑，对于自以为"真理在握"的行为，也不妨进行反思或率先认错。

有一次，我在课堂上谈到一位自己十分钦佩的私立学校女校长如何理想远大、目标明确，如何做事有计划、有条理，如何办学成功时，号召同学们向她学习，不要自甘平庸、碌碌无为……

我的话还没说完，忽然有一个女生站起来说："老师，我不同意你的观点。你认为这个校长很成功，你认为她对每周、每天的学习、工作有计划、有目标，值得我们效仿，我却认为很多人没有选择她那样的学习、工作方式，未必就不成功、不快乐，不过是你们不知道人家的成功和快乐罢了。"

被学生反对总是让人感到不舒服的，何况这个女孩子的语气很不礼貌，但我却不能不承认她说的有些道理——子非鱼，焉知鱼之乐？在山道上披荆斩棘，在海湾里乘风破浪，或者在树枝头占尽风光……这些确实都是成功，但谁能说心存善良、甘于贫困就一定是失败？

我连连向同学们道歉："老师并不是强迫你们一定要接受我的价值观，我只是把自己的看法说出来供你们参考。如果我的说话方式有强加给你们的嫌疑，我很抱歉，是我词不达意，对不起……"

女孩马上说："不是的，老师！我们还是要谢谢您给我们这些建议……"

认错，因此成为老师自我救赎的起点；认错，也因此成为师生重建信任的开始。

事后，我在这节课的反思里说：如果学生是田野里的花草树木，教师就应该像大地一样，为各种植物提供它们需要的营养，让它们自己去决定吸收什么，而不是仅仅提供适合某种植物，比如小麦或玉米生长需要的营养。为此我们应该努力开阔自己的视野，给同学们提供自认为合理的建议。但面对我们的建议如何选择，却完全在于他们自己……

文章读到这里，可能很多人会感觉李迪做事太糊涂，太软弱，不分是非，不讲原则，只会道歉。其实，这不是不讲原则，而是坚信老子所说："将欲歙之，必故张之；将欲弱之，必故强之；将欲废之，必故兴之；将欲取之，必故与之。"

希望学生作出正确的选择，就先给学生选择的自由；希望学生接纳我们的观点，就给学生充分的尊重和宽容。明智的老师不会气势汹汹地强迫学生接受自己的价值观。我们只有顺应学生的发展，才能更好地陪伴他们成长。不要轻易去挑战青春期学生的自尊，他们需要的是保全、余地、推挡、遮蔽。在暴风雨来临的时候，参天大树可能被吹翻刮倒，失去生命，柔弱的小草却能在风雨之后欣然挺立。所以，老师这样"退一步"的做法绝非软弱，仅仅是放下"争胜"，站在学生的立场上思考问题、质疑自己。这样的退让、质疑常常能在师生矛盾冲突激烈时"釜底抽薪"，不但能有效地制止双方做出不妥当的行为，还能让学生体会到老师"宽厚、善良"等人格魅力。当我们能发自内心地赞赏自己的时候，也就是在悦纳自己、善待自己了。

梅洪建

上海市平和双语学校教师,全国优秀语文教师,国内知名班主任,"培育—发展"班级理念的首倡者和践行者。《教育时报》《福建教育》专栏作者,先后在《人民教育》《班主任》《班主任之友》《中学语文教学参考》等刊物发文近200篇。出版《给梦一把梯子》《做一个不再瞎忙的班主任》等五部专著,其通晓的文笔、敏锐的视角、果敢的剖析,在全国引起了极大反响。应邀在全国28省讲学200余场。

用敬畏的态度做班主任

"很遗憾，胎儿身上有现在很少见的弓形虫，出生后不是有智力缺陷就是有身体缺陷。"医生用充满歉意的手势和语气告诉我们夫妻俩。

那是2004年12月，在江苏无锡的一个传染病研究所里发生的事情。

无数个日子我的头贴近妻子凸起的腹部，我们的宝贝难道会有某种缺陷吗？我和妻子木木地走出研究所的大门。就在即将跨出门口的刹那，妻子的眼睛里放射出一种狠狠的坚毅："老公，无论孩子有没有缺陷，我们都要把她生下来，因为她是一条生命，她是我们的孩子。"没有言语，我只有紧紧地握住妻子的手。"如果她有缺陷，我们就十倍百倍地去爱她，因为她是个可怜的孩子；如果没有缺陷，我们就千倍万倍地去爱她，因为她是上帝对我们最大的恩赐。"妻是一个感性而善良的女子，对于她的每一个决定我都尽力地去支持。

2005年5月，女儿的健康到来让我的世界里阳光一片，也让我深深地明白：一个孩子能够出生是一种奇迹，能够健健康康地出生更是一种奇迹，而能够在生命的旅途中与我相遇甚至相伴几年则是更大的奇迹。所以，我珍视每一个和我相遇的孩子，我懂得了敬畏每一个孩子的生命。

遇到阿杰，是2005年之后的事情。

刚带那个班，就有同学和同事告诉我："千万不要去惹杰，也不要去联系他的爸爸，他是半个疯子，他爸是一个疯子。"

奇怪的是阿杰逃课那次，我不得已拨通他爸爸的电话的时候，电话里传来的竟然是爽朗的笑声和爽快的回答："感谢梅老师，凡是你的决定我都会支持。"这和疯子完全不搭界。但接下来的数学考试却似乎印证了阿杰是"半个疯子"的传言。0分。你信吗，高中生数学可以考0分？但这就是事实。

这次的事实也让我了解到阿杰和他爸爸被称为"疯子"的原因。曾经的一次家长会上，身为"差生"的阿杰自然成了班主任和科任老师投诉的对象。面对各个老师几乎众口一词的"不可救药、不可理喻"之类的话语以及伴随的唉声叹气，阿杰的爸爸发作了，当着办公室那么多老师的面拍案而骂："只有你们这些差劲的老师才会教出我儿子这样差劲的学生；只有你们这个差劲的学校才有你们这群差劲的老师。"老师们惊呆了，惊呆之后得出的结论就是"他爸爸是个疯子"，而阿杰自然也就在老师们的视野之外了。所以，他数学考0分也不是什么奇怪的事情，因为他基础差，因为他从那次事件之后更加自暴自弃。

和阿杰的第一次谈话很简单——

"兄弟，"这声兄弟让他颇为一愣，"如果我告诉你我的数学在初二时只能考0到20分你相信吗？"

"不信！"没有任何犹豫。

"人格担保！请相信我的人格。"我的话很坚决，"但中考时我的数学是满分，你信吗？"他没有回答，而是面无表情地看着我。

"你肯定想知道奇迹是怎么发生的。"他依然沉默。

"你想不想学好它，这是关键。"一说到这里，他的眼神告诉我他对我是不屑的，因为"关键是你想不想学好它"这类的话不知道被多少老师说过多少遍了，他要的是实实在在的方法，而不是这些空话。

"你一天问同学或老师一个题目，选择题和填空题不算，要有详细的解题步骤,记录在一个专门的笔记本上,然后讲给我听,能做到吗?"

"能。"他抬眼看了我一下说。

"那好,明天开始就这么做。如果期中考试你考不到 30 分,我请你吃饭;如果你超过 30 分,那你要请我吃饭。"不容商量的语气。我递给了他一个笔记本后,就开始了我们的"合作"。

两个月后的期中考试,他的数学成绩真的就超过了 30 分——45 分!我没有在班上表扬他,因为这不是一个值得表扬的分数,而且我懂得有时候表扬的作用是相反的。那天中午我带他出了校门,让他请我吃了碗兰州拉面。

在班级召开的家长会上,我第一次见到了他的"疯爸爸",一个瘦骨嶙峋不修边幅的男人。没有言语,阿杰爸爸直接给了我一个大大的拥抱:"梅老师,你救了阿杰,救了我们全家啊!"因为阿杰逐渐懂得了如何去学习,因为他的爸爸感受到了孩子的变化。

教育从来都不应该存在"拯救学生"的说法,只有老师尤其是班主任是否懂得尊重生命、敬畏生命的区别。一个懂得敬畏生命的班主任,就一定能感受到每个独特生命的鲜活,就一定能让每个孩子灿烂出属于自己的春天。

但敬畏生命的前提不是敬,而是畏。因为"敬"其实含有"我施"的意味,敬与不敬的主动权在我;而"畏"的前提在"彼",主动权不在我而在彼。郑杰老师有言,除了上帝,谁也没有资格轻易地告诉孩子什么是正确什么是错误。然而教育的现实是,班主任总是以师长自居,以智者自居,以先知自居,总是从主观自我出发告诉孩子们该怎么做。因为班主任总是认定自己"为人师表",自己本身就应该是学生成长的模板,总是认定自己是"人类灵魂的工程师",所以就以自己的认知来构建孩子的未来。

一直喜欢德尔菲神庙上的那两句话:认识你自己,凡事勿过度。前者是认知,后者是实践。但前者是前提,如果忽视了这个前提就会进入做事过度的误区。这里的"度",其实就是一种准则,就是"我该做什么"。一个班主任或者说一位教师，如果不能够认识自己就不可能懂得"我该做什么"这个最核心的问题。因为教育当中"我该做什么"远远比"我能做什么"重要得多。在错误的道路上走得越执著，犯下的错误就可能越大，只有在正确的道路上走得勇敢那才叫智慧。

真正去审视自我，源于我与女儿的朝夕相处。一次对她严厉地批评之后，她竟然眼含着泪珠给我送来了一瓶牛奶，还说："爸爸，我原谅你了。"虽然她不懂得道歉是什么，但她对我的原谅还是触动了我的灵魂——孩子的世界，远远比成人的世界纯净得多。难怪有人说"儿童是成人的父亲"。于是开始大量阅读与儿童相关的书籍，于是就遇到了蒙台梭利。在她的成长圆环中，一个初生的儿童处于成长圆环的蓝色区域，是更趋向于内环红色区域的，而红色区域代表的恰恰是真善美。成人处于蓝色区域之外的白色区域，是更容易趋向于外层深红色区域的，而深红色区域代表的恰恰是假丑恶。如此说来，成人，哪一个有资格去要求孩子们按照自己的方向前进呢？

何况，教师大都是出了校门进校门的，相对于广阔的世界，我们的知识视域和思维视域都有很大的局限性。用自己有限的东西去引领众多的孩子成长，这是多么荒谬的事情。可是很多人不愿意承认这个事实。

从儿童心理现实来说，老师改变一个孩子真的那么容易吗？孙绍振先生说："一个人的心理结构，其内在的结构，从表层到深层都具有相当的稳定性，即使外部条件有了某些改变，例如，父母的责备、老师的鼓励等等，人物的心理在表层也可能做出一些调节，例如痛下决心，用功读书之类，但是其深层是超稳定的，表层的一般调节不会影响到深层的稳定。因而表层的调节，尽管是真诚的，但不用多久，就会被深层结构的反调节所消解。"一个孩子的内在心理结构的稳定性是在七岁之前形成的。也就是说，改变一个孩子没那么容易，不要盲目夸大老师的"教育功能"。

总体而言，无论是班主任的人格、视域，还是学生的心理现实都决定了班主任没有资格去以一棵树的形象站在那里告诉孩子要按照自己的要求去生长。所以班主任要懂得敬畏生命，要懂得畏惧生命。我们不能轻易地对孩子的成长指手画脚，更没有资格去严格规范、盲目要求孩子的成长。因为您给的方向不一定正确，因为或许您自己都不知道真正的方向在哪里。人生没有回头路，成长来不得试验。所以我们不能站在那里去"引领"成长，谁都没有资格轻易地这么做。那么，班主任该做什么？那就是俯下身子为孩子的成长搭建动起来的平台。如果说孩子是一粒粒的种子的话，班主任应该做的是给种子提供土壤和化肥，而不是给它们一个标杆和成长的框框。

所以现实中的"管理班级"，就是以班主任为顶层的，由班长、副班长等构成的金字塔结构。它是不符合教育需要的，因为班主任不应该有这个资格站在顶层。何况在这样的班级结构里面的孩子得到的锻炼机会和班级心理（孩子在班级生态中的心理状态）都是不平等的，而所谓的"自主化管理"就更显不足了。既然班主任都没有资格站在顶层，让孩子们自己管理自己不是更不可能吗？即使班规是学生自己制定的，但其实质只是"请君入瓮"而已；即使班主任放权给了学生，其实质只是少数人管理、监督多数人，甚至是相互监督的严密机制而已。教育，不是为了管理学生，而是为了发展学生；不是为了发展少数学生，而是为了让所有的学生都能够得到自由的、健康的、蓬勃的发展。

于是我构想一种没有班干部，让每个孩子都获得平等的心理和平等发展机会的班级生态；我构想一种没有管理者，班级不会出乱子却又能充满生机的班级生态；我构想让每个孩子的个性都能得到伸张，能力都能获得最大限度发展的班级生态。在这种班级生态中，基于对自我的认知，我这个班主任只做平台的搭建和动力给予的工作，俯下身子为孩子的成长服务，而不是站起来指手画脚。

真正将这种理想付诸实践，是在2009年，我遭遇了高二（3）班。

这是一个借助高二文理分科，由各个班级抽出来的"后进生"组成的36人的班级。班中有文科生、理科生还有艺术生，是每个孩子都可以"独当一面"的班级。高二第一次摸底考试，总分440分，而我班总平均分只有164分，其中数学平均分只有26.5分。

是的，这是一个被人放弃的班级，校长给我的目标就是"只要不出大事就行"。我不想说我很高尚，看到一个个"奇形怪状"的学生我也头疼。但是没有办法，因为我已经做了这个班的班主任，因为我深深地懂得一个孩子能够出生是一种奇迹，能够健健康康地出生更是一种奇迹，而能够在生命的旅途中和我相遇甚至相伴几年则是更大的奇迹，和这些孩子相遇，是奇迹中的奇迹。更重要的是因为我的脑子里有一种理想的班级生态存在，有一种美好的图景存在。

这种理想的班级生态就是我所提倡的班级委员会制度，而这种美好的图景就是让每个孩子都能够在我们的班级里自由地、快乐地、最大限度地生长。

经过一个多月的观察，根据学生的爱好、兴趣、特长等，在孩子们自愿的基础上，我们在班上成立了六个委员会。最初的委员会名称叫班级学习与分享委员会、班级艺术体育委员会、班级游戏开发委员会、班级演讲与口才委员会、班级礼仪展示委员会、班级歌曲探索委员会（后来有所调整）。除了班级学习与分享委员会直接关涉学习之外，其他几个委员会似乎都与学习无关。我对各个委员会只有一个要求：做出水平。所谓的做出水平就是能够在自己所"从事"的领域里超过别人。后来有不少老师问我："梅老师，我们班学生不学习怎么办？"我通常的回答是"没有办法"。因为冰冻三尺非一日之寒，没有任何一个人是天生的不爱学习的，不学习的同学往往是失去了维护自我尊严的动力。而激活孩子尊严唯一的途径就是活动，能够发挥他个性特长的活动。我们的班级委员会制度基本上不直接关涉学习，只是让孩子们立足于他们的爱好、特长去"玩"。因为几个同学有相通的爱好，在"智慧共享"的基础上，他们是可以"玩"出水平的。人获得自尊的最原始动力是成就感，人一旦获得了成就就能够获得别人的赞许，而被赞许得多了就会形成自我荣誉感；荣誉感的增强就会激活孩子内在的尊严感，人一旦有了尊严就会拥有维护尊严的动力；有了维护尊严的动力也就激活了一个个灵魂；灵魂活了，没有一个学生会不学习。所以我一直认为教育最核心的途径是活动，而分数（成绩）和其他综合素养都是活动的副产品。谁把分数当作了主产品谁就背离了教育的本质，也就失去了未来。

委员会由常委和委员组成。但在委员会内部，没有谁是管理者，每个人都是委员会平等的成员。常委只是委员会活动的组织者，谁有能力集合起大家的智慧，让委员会的活动更丰富、更有水平，谁就可以做常委。而一旦不合格就会自动更换，不需要向任何人请示。这就保证了委员会内部每个成员的心理都是平等的，在活动中每个孩子的灵魂都可以得到自由的舒展。而不像"管理"模式下连一个小小的组长都有权力去管理别人，从而造成孩子们心理上会有阶差的存在一样。我一直觉得，教育的平等首要的不是教育机会的均等，而是在同一个集体内部每个孩子心理的平等。只有心理平等才有真正的心理舒张。

委员会之间也不具备任何协作关系，它们是彼此独立的存在，自然也就形成了班级公共事务的竞争机制。这种竞争不是谁把谁比下去，而是通过委员会内部的精诚合作展示出自己超出别人的能力，从而获得做某种事务的机会。例如开家长会，这是班级的大事，也是令很多班主任头疼的事情。而在我们高二(3)班，我只需说一句"要开家长会了，每个委员会策划一种方案，哪个委员会的方案好咱就按照哪个委员会的方案召开"，他们就会内部集体合作，设计出本委员会可以达到的最高水平的方案。而从几个方案中择其一，自然也就是代表班级的最高水平了。这样既可以激活每个委员会之间的竞争，又可以增强每个委员会内部的凝聚力和创造力，还可以让班级的每项工作都做到极致。教育不是老师能力的展示，而应该是为孩子们创造尽可能丰富的成长机会。内部合作和外部竞争的方式，转化了孩子们做事情时的"任务感"，形成了争做事情的"荣誉感"。将任务转化为荣誉是我带班路径中的创意之作，也是得意之作。

自然每个委员会都有自己详细的活动章程。章程里包括活动时间、活动内容、活动目标等等项目。这种有计划的活动章程确保了每个委员会的活动有序进行，也为接下来的展示活动打下了坚实的"物质"基础。

因为委员会活动基于每个孩子的爱好特长，所以每个孩子参与的积极性都很高；因为凝聚了有相同爱好的同学的"集体智慧"，所以就确保了活动的高水准。自然每个孩子都获得了身心的愉悦，最终获得成就感。例如我们班因成绩一塌糊涂而一向沉默的阿玉，她的极速漫画无论是速度和水平都让人钦佩不已，自然也就在班内形成了她的"粉丝团"。从她嘴角溢出的笑容中我知道了她的幸福。一向霸道而失去人心的颖，因为在委员会的内部活动中具有良好的组织策划能力而重新获得了友谊。

我明白让一个人持续朝某个方向前进的重要途径是收获，在我明显地感受到了孩子们的收获的同时，我思考如何让收获效能最大化。后来我发现了展示的方法，通过展示活动赢得别人的赞许，进而获得进一步的发展。如此良性上升是成长的美好路径，也是丰盈孩子们内心的美好方式。于是每个周五的最后一节课，当别班召开班会的时候，我们班级却在开展每个委员会的展示活动。展示和文娱活动的穿插，让周五成为了我们的节日。因为各委员会发展的方向不一致，所以展示之后每个委员会都感觉自己是赢家，每个委员会都能够获得自己的成就感。

为了让展示活动功能最大化，委员会活动逐渐走出了教室，走向了更广阔的学校舞台。同学们会利用下午活动课和中午的时间，在学生来往稠密的"交通要道"搭建起展示的舞台。或室外辩论，或歌唱展播，或主题演讲，或奇思妙想，或游戏妙招，或书画展示……高二（3）班的孩子们在张扬个性、发展自己的同时，也引来了其他班级同学的羡慕和领导的认可。往常被人一提起就嗤之以鼻的高二（3）班逐渐成为了别人交口称赞的班级。

当然，我必须坦诚地说，事情的行进不会如文字的叙述那么简单和轻松。光是这个班级委员会制度学校领导就不认同，家长也认为班主任在带领学生瞎搞。因为我们的所有行为指向的不是家长热切期望的分数，所以家长不理解；因为我的行为在领导眼里不是管理而是在带领孩子们玩，所以他们不会接受。所以其间有向家长苦口婆心的解释，也有激烈的争吵，更有向领导的苦苦哀求以争取哪怕仅仅两周的试验时间……

从自身的经历中我懂得了，人的成长需要两种东西：一是成长的舞台，二是成长的动力。如果说班级委员会给了孩子们成长的舞台的话，我还需要给予孩子们动力。很多朋友质疑："你不是说教师要俯下身子而不能引领学生吗？你怎么这里又说给学生动力？"诚如前文所言，如果孩子是种子的话，班主任要起的应该是提供土壤和化肥的作用。土壤是舞台，而化肥则是动力。化肥不是给种子方向，而是激发种子萌发、生长的内在驱动力。

所以，每天我会和孩子们一起读《班级励志教程》，我会通过文字的交流、视频的赏析或班会的演讲等多种形式为孩子们注入动力。

舞台的搭建和动力的给予，让高二（3）班 [也就是后来的高三（3）班] 成了一个充满生机的班级，成了一个盛满别人艳羡目光的班级。于是，当初校长给定的"只要不出大事就行"的目标变成了高三时的"高考要考上 16 个本科"，而这个目标是所有班级中最高的。

那个由"精英人物"组成的班级不但没有因为事故频发乱子不断而沉沦不堪，反倒成为了贫瘠的土地上硬生生地开出的异样的花。

不少人问过我："你的班级没有班干部怎么就会不出乱子呢？"其实，道理很简单，无事才会生非，有事情做孩子们自然不会惹事。建立在孩子们兴趣、爱好、特长基础上的班级委员会让每个孩子都有事情可做，而且能够快快乐乐地有事情做，通过展示活动还让孩子们快快乐乐地、可持续地有事情做，谁还有闲情去惹是生非呢？总是有很多寻求问题解决途径的班主任，却少有思考如何不让事情发生的班主任。治标不治本，事情层出不穷，导致班主任劳累不堪也就是自然的事情了。

用敬畏的态度为孩子们搭建动起来的平台，那么班主任忙东忙西地处理各种事情的现状就是可以改变的。

也有不少朋友问我："你能确保你的班上不发生一点事情吗？"正如种满了庄稼的土地里会长杂草一样，不能不发生一点事情！我坦诚地回答。但是事情会很少发生，大事基本不会出现。不过，一个拥有敬畏态度的班主任不会死盯着事故本身，而是会把事故转化为培养学生的契机。

我在处理班级事故的时候，总是给学生两个选择：一是自己写解决问题的方案，二是实在写不出方案就说服我（说服可以免除处罚）。其实这两点都是为了培养孩子们的思维品质。

例如我记录过的一件真实的事情——

可慰的上当

成的手机被学部收缴了。

和我班很多同学一样，犯了错，他先找到了我。

"老师，手机被领导收了。"他的表情有些不好意思。

"没什么啊，呵呵，又不是我的，大不了你不用呗。"一向如此，我不喜欢在学生面前一本正经，一直感觉对于教育来说，总有一种力量是胜过一本正经的。"给个解决的方案，或者给一个能说服我的理由，你就可以解决这个问题了。"

"方案没有！"他很直接。的确如此，将手机拿到教学区，是学部严禁的。轻则警告，严则记过，没什么道理可讲的。

"那怎么办呢？"我其实也没有办法，说不定还要接受学部惩罚。"莫斯科不相信眼泪，去吧，好好学习去。"

成没有离开，忽然转换了一种语气语调："老师，你说做对了事情该不该惩罚？"

呵呵，这小子。我摸了摸他的额头："不发烧啊，你小子怎么说起胡话了？"

"别管那么多，回答我的问题啊！"

"那不废话嘛,做对了事情当然不该惩罚了!"我有些丈二和尚摸不着头脑,不过心想,这小子肯定有阴谋。只是再大的阴谋也不至于脱离了手机谈问题吧。没事,小样,我还不信搞不定你。"说吧,有什么企图?"

"嘿嘿,在老师面前哪敢有什么企图啊,就是瞎聊聊呗。"嬉皮笑脸,这个混蛋,犯错了还这副模样!"老师,你是不是觉得我犯错了?"

"这不废话嘛!难不成你带手机还带对了啊?"

"老师别这样啊,现在是纯属闲聊,纯属闲聊。"学习播音表演的都这副模样,在我面前没大没小的。

"你说,人是不是都有犯糊涂的时候?"忽然,他的表情有些严肃了,"你说,我怎么就犯了这么大的糊涂呢!"一副自省的样子。我这个人最大的缺点就是心软,一看到孩子痛心疾首大多以温存对待。

"是人都会犯错!"

话刚落音,成来劲了:"哈哈哈,你的意思是说,犯错是正常的了?"

"当然,除非你不是人。"

"那我犯错也是正确的喽,正确的事情就不能惩罚是不是?别回答,刚才你说过的不能惩罚的!"妈啊,哪里有我插话的机会啊,他的话如连珠,一串串蹦出。

"我——"无语!"好好,我帮你求情,争取免予处分!"

幡然醒悟,一连串关于计策的名词全出现在了脑海,只是已经上当了!

无话可说,只好给他讲情去了。不过,心里还是有些欣慰的。毕竟,我设置"说服我"这个处理问题的环节,不就是为了锻炼孩子吗?

让事故成为孩子们成长的契机,教育不应该这么来做吗?

2011年6月底,高考成绩出来之后。高三(3)班以100%本科上线率创造了奇迹。填报志愿的那天,我们一帮人拥抱在一起嚎啕大哭,真的是嚎啕大哭。

因为在争取尊严的路上,我们的孩子承受了太多;在争取成功的路上,我们付出了太多。即使是半年后我完成《做一个不再瞎忙的班主任》的书稿的那个凌晨,竟然也躺在书房的椅背上泪流不止。

两年的路,好苦!但这两年的经历,对我们每个人来说都将是一生的财富。更重要的是,这场实践让我更加坚定了"用敬畏的态度做班主任"的信念。敬畏每个生命,俯下的是为孩子们做土壤做化肥的身子,而站起的却是做真教育的灵魂。

覃丽兰

湖南省怀化市铁路第一中学语文高级教师,湖南省班主任专业委员会常务理事,全国班级自主教育管理实验领军人物,2012年全国自主教育十佳班主任,怀化市教育突出贡献者,其班级文化建设在全国独树一帜,著有《打造高中卓越班级的42个策略》等书,被誉为"中国最卓越的班级文化建设者之一"。

用文化镀亮成长的天空

文化是班级教育管理建设的灵魂。它有着无形的教育力量，就像一句诗：随风潜入夜，润物细无声。

我喜欢用浓郁的班级文化氛围润泽学生的心灵，用承载大家共同愿景的班级精神联系彼此的心灵纽带，用蕴含人文关怀的制度文化为学生导航，用缤纷多彩的班级文化活动陶冶学生的情操……用文化，镀亮学生成长的天空。

理念文化——构建班级精神家园

人活着，得活出精神。一个有着健康向上、积极进取精神的人，走到哪里都传递着一种正能量，走到哪里都能够带来强有力的人格磁场。

一个班级，也需要一种班级精神。这种精神就是班级发展的共同愿景，是一个团队的核心理念，更是一个班级的灵魂。它是我们班级建设的核心力量，能引领班级主流风气，促成良好的班级风貌。打个比方，班级精神是班级大厦建设的水泥，它具有神奇的力量，能够迅速凝聚人心，鼓舞士气，激发学生的斗志，它能够跨越时间和空间，给学生的一生以深刻的影响。

所以，我每带一个新班级，都会带领学生做一系列的活动，去酝酿、提炼、缔造、内化、唱响我们的班级精神。

第一步：畅想班级愿景，酝酿班级精神。

每次和新生班级见面，我都会打造一个诗意的"见面会"。学生报到之前，我在黑板上写下"相逢是缘""欢迎你的到来"等话语，并将"缘"字写在最中央，再上一个大大的圆圈。教室里播放着《相逢是首歌》。温柔的曲调，温馨的画面，和着温情的歌声，在这样的氛围里，每个学生眼神里都洋溢着期待，心里流淌着感动。

学生到齐之后，我开始了诗意的开场白："如何让你遇见我／在我最美丽的时刻／为这／我已在佛前求了五百年／求它让我们结一段尘缘／佛于是把我化作一棵树／长在你必经的路旁……我很喜欢席慕蓉的这首诗，前生的盼望，才会有今日的相逢。佛说：'前世五百次的凝眸，才换得今生一次的擦肩而过。'那我们该有多少次的凝眸，才能换来几年美妙时光的相处，想起来多值得感动，多值得珍惜啊！"就这几句话，一直被学生记着。他们说这几句话拨动了他们最柔软的那根心弦，他们暗下决心，一定要建设好这个班级。

接着，我带领学生畅想班级愿景："你们希望我们是个怎样的班集体？能够用一种颜色鲜明的物品来描述一下吗？"

学生们七嘴八舌地说：

"我心目中的班级像是橘子，橘红色象征班级要有活力，橘瓣就像我们同学和睦相处，同心成圆，做什么事情都齐心协力。"

"我心目中的班级就像冬天里的一盆火，给我们带来家的温馨。病了，有家人呵护；有困难了，有家人相帮。"

"我心目中的班级应该是绿色的翠竹，郁郁葱葱，充满生气，节节长高，不只是傻读书。"

"我心目中的班级是七色彩虹，赤橙黄绿青蓝紫都要有，象征既要努力学习,又要有丰富多彩的活动,有自己的特色。"

……

我将孩子们说的关键词写在黑板上:和睦友爱、团结互助、积极进取、荣誉感强、活动丰富、品质高洁、包容豁达……听着孩子们的畅想,班级愿景如一条伸向远方的路,就在我们脚下铺开延伸。

第二步:开展班级命名,提炼班级精神。

"瑾瑜"是现在这个班级高一时的班名。这一班名的出炉,可谓几经周折。先是创意征集,征集上来的班名让我哭笑不得,什么隔壁班、飞天班、屠龙班、我们班……当然存在即合理,先听听学生们怎么说。

我问:"谁想出来的屠龙班?"

米宇琦站起来说:"三中实验班有个天龙班,我们不服气,就要屠龙。"

不服输,不甘落后,精神可嘉,这孩子有骨气。我当即表扬了他,然后话锋一转:"但是不大气,还会让人说铁一中的学生心胸狭隘,别人要成为飞天苍龙是他的事,我们要做最好的自己。"米宇琦摸摸后脑勺,不好意思地笑笑。

我又问:"谁起的隔壁班?"

全班同学抿着嘴笑。我知道了,隔壁班是实验班,尖子生云集,师资配备最好,学生羡慕也情有可原。

"我们拟写班名的用意是什么?"我一问,学生愣住了,不由得沉思。

"班名寄予了我们的美好期望。""班名体现我们一定的文化内涵。""班名可以是我们的发展方向。""班名要叫起来响亮好听。"

大家你一言我一语地说开了。这种场面给我的感觉很好。给班级命名的过程,其实是进一步提炼班级精神的过程,也是激励学生发挥聪明才智,激发学生参与班级管理热情的过程。一个适宜的名字,不仅仅是学生智慧的展示,更是他们美好愿望和共同追求的体现。学生自己动手,哪怕名字土得掉渣,也体现了所有学生对它的心灵认同感,有利于激发学生的主人翁意识。更何况,青春期的孩子对梦想有着一种近乎奢侈的想象,他们起的名字,才不会土得掉渣呢!

最后,孩子们票选了"瑾瑜"这个班名,并且将我们的班名内涵归纳为:"怀瑾握瑜,修美玉之德行;百折不挠,炼经世之才能。"这句话,就成了我们班的班级精神。

"瑾瑜"这个名字使用了一年,高二文理分科,学生进行了重组,学生们将班名取为"兰泽"。为什么取名"兰泽"?学生告诉我:"这兰就是您名字中的兰,我们希望在兰兰姐的带领下,如芳草蓬勃生长,兴盛发展。"有一学生居然吟出这么两句诗来诠释班名:"兰韵悠悠暗香来,泽润萋萋芳草兴。"将"兰泽"二字镶嵌其中呢!这样的班名,已经将我和孩子们的心紧密地连接在一起。

第三步:缔结共同目标,丰富班级精神。

为了进一步丰富班级精神,我们围绕着班名缔结共同目标,从兰花着手做文章。我们举办兰韵诗香朗诵会,感受兰花高洁的情操。韩愈的《幽兰操》,李白的《孤兰》,张九龄的《感遇》……一首首咏兰的古典诗词就这样从孩子们的嘴里吟诵出来。一个个口吐兰词,满口兰香,一朵朵兰花在教室里轻盈绽放,兰的清香氤氲着我们的青葱岁月……在孩子们寻找的过程中,在他们朗诵吟哦的过程中,兰花的高洁情操,就逐渐成为班级精神的一部分。

然后开展班级精神大家谈,进一步丰富班级精神。"子衿"组认为,我们的班级精神应该是做好自己、做到最好、团结和谐、勇于创新;"绣心琴影"组注重兰的品质"宁静醇远";"清晓"组推崇兰花"无人亦自芳"的雅致;"咏絮"组的才女们在列数大量名人与兰的渊源后,强力推出"愿我们兰泽208的同学有蝴蝶兰的高洁、紫罗兰的机敏、小苍兰的清新、君子兰的君子之风、剑兰的坚强,为建设与众不同的兰泽208而努力!"……

孩子们尽情地畅谈着自己对班级精神的理解,都沉浸在一种火热的兴奋之中。趁着这份兴奋,借着这份喜悦,文宣部部长不失时机地要大家拟写班训并进一步格言化班级精神。

最后，我们的班训确定为"宁静、醇远、雅致、蕙心"。班名寓意是"兰心蕙质，润泽高尚人格；经世致用，成就魅力人生"。班级精神内涵丰富为："追求一种气清、色清、神清、韵清的道德操守，固守一种花美、香美、叶美的做人品德，锤炼一种耐霜雪之寒、坚忍不拔的气质，静修一种容天地之广的胸怀。"从道德操守、为人处世、气质胸怀等多方面，全面阐释了我们班的精神追求，让兰泽人成为人格高尚之人。孩子们的成长目标出来了。

我期待，我们的班级精神，在每一个孩子心中都开出一朵灿烂的兰花。

第四步：设计班级图腾，内化班级精神。

我们有了与众不同的班名，还得有自己与众不同的身份标识。于是，我带领学生设计我们自己的班级图腾——班徽和班旗。我们以小组为单位描绘心中的班徽班旗，每个小组至少上交一个构思，要有图案，并写明设计意图。

一周后，各式各样的设计图案呈现在我们面前。最终，一株兰花的设计图案，打动了各位同学的心：以变形的"2、0"为兰花的根须，拉长、向上敞口的"8"变形成修长的兰叶，四瓣兰花花瓣，象征着班级精神的四个方面。花瓣舒展大气，既有兰花的神韵，又寓意同学间要和睦包容。蓝色背景淡雅素净，白色线条勾勒的兰花，与班训相映衬；黄色的花瓣，富有青春活力。整个设计图案就是班级精神的体现，可见设计者的别具匠心。

大家一致选定了这个班徽设计。将班徽粘贴在旗帜上，班旗也就做好了。学生们跑操、外出实践活动，打着自己的班旗，自豪极了。

第五步：原创一首班歌，唱响班级精神。

每到上午、下午、晚上的第一节课上课之前，我们教室里都飞荡着充满青春气息的、辞藻优美的班歌。一首班歌，成为唱响班级精神的最好媒介。

起初孩子们套用流行歌曲的曲子作为自己的班歌。后来发现这种套用缺少"灵魂"，于是，他们开始原创。自己写歌词，自己找音乐老师谱曲，我们兰泽班的班歌《兰泽梦想，兰泽力量》就这样出炉了。

"风的力量,飞扬起梦想;光的沐浴,孕育着芬芳!宁静淳远,雅致蕙心,空谷幽兰陪伴我们成长。经世致用,润泽高尚;君子之守,永放光芒。啊,兰泽的梦想,兰泽的力量,风雨中的我们,坚守住美丽的信仰。创造着传奇与辉煌。

"花的翅膀,承载着希望;梦的呼唤,激荡着心房!友兰朋芳,天地宽广,魅力人生锤炼器宇轩昂。为梦痴狂,为梦竞芳,坚忍不拔,傲然坚强。啊,兰泽的梦想,兰泽的力量,前进中的我们,坚守住内心的理想。创造着传奇与辉煌!"

歌词是兰泽班的两个学生——曾巧和张耀中集众人才智创作的,音乐老师曾旭谱的曲子。这首歌巧妙地把兰泽班级精神和班训"宁静、醇远、雅致、蕙心"镶嵌了进去,博得了全校师生的一致赞赏。学生们不仅传唱着班歌,还把班歌拍成MTV,拍成微电影,作为他们青春的记忆收藏。

制度文化——传递温馨人文关怀

制度文化是班级文化建设的一个重要内容,用制度治班,可以树立孩子们的规则意识,为未来社会培养有强烈规则意识的公民。

很多人不喜欢制度,并不是因为制度本身不好,而是因为制度这个名称已经约定俗成,带有强制性、刚性和约束感。其实,制度最大的好处,就是给人带来安全感。它通过肯定学生权益,让孩子们明白做什么事情是被允许的,不做什么事情可以避免惩罚。它用一种刚性的力量,引导着学生的校园行为。但是,如果制度本身不能够被人接受,那么,这一切美好的愿望就无法实现。

为了让制度变得让人愿意接受,增强制度的心理认同感,我们首先从命名上让制度变得温馨可爱。孩子们给班规取了一个美丽的名字——"家庭公约"。在个人修养方面,孩子们也出台了《瑾瑜214校园为人处世12条修身宝典》。"修身宝典"和"行为准则",四字之差,给人的感觉却截然不同,一个是倡导美好行为的,一个是约束人的,您说,孩子们会喜欢哪一个呢?

给学生一条接受制度的好理由。

在制定"家庭公约"的时候，我们要求——

"不能够只有扣分，没有加分。我们又不是盗贼，要这么防范我们吗？"

"既然是家庭公约，文字叙述就不要那么生硬，要有人情味一些。"

"一直倡导文化治班，班规是不是可以更有诗意、更优美一些呢？"

……

于是，我们的班规不仅以诗歌为形式，而且还有一条让人能够接受的温馨的理由。

瑾瑜家庭公约

我们"宁静致远、奋勇不凡"，我们的家庭我们自己守护，拿出你的真心，拿出你的热情，爱护家园从守纪开始，爱护家园从呵护心灵做起。瑾瑜，我们一起努力！

1. 教室纪律：教室安静要记牢，喧闹嬉戏避浮躁；自主学习很重要，美好未来我创造；课堂展示无口语，我的课堂我做主；认真听讲随手记，大胆展示勇质疑；课下落实记头条，随时复习记得牢；按时到校要做到，课堂纪律最重要。（理由：课堂是我们学习的地方，发挥主观能动性，才能将知识变成自己的。）

2. 出操集会：集会上操快静齐，千万不做吊车尾；国歌高唱是爱国，严肃认真最可贵；集会解散留洁净，返回教室快快回；两操集会显素质，优秀品质惹人追。（理由：集体活动是展示一个班级素质的舞台，相信我们都是高素质的人才。）

3. 检测作业：考试就是考人品，作业就是测自制；真实成绩以示人，弄虚作假太可耻；完成作业高效率，诚信作业见水平；这是职责与责任，不找借口少邋遢。（理由：学生做作业是义务，不论何时，老师布置的作业都必须写，诚信乃为人之本。）

4. 生活习惯：勤剪指甲常理发，勤换衣服勤洗头；正确刷牙保齿康，穿着整洁又大方；教室卫生齐维护，劳动任务勇担当；书桌就是考试卷，理好书桌少忙乱；养成生活好习惯，一生受益无怨言。（理由：良好的生活习惯会促进你养成良好的学习习惯。）

5. 生活情趣：男生不抽烟嚼槟榔，女生涂脂抹粉不合宜；不要刻意去打扮，自然大方才最美；多读好书交高友，做个精神贵族人。（理由：外表是天生的，我们没有办法改变；但我们可以增加自己的文化涵养，注重生命的化妆。）

6. 道德追求：要比品德比胸怀，要比志向比学习；不比吃喝不比穿，不比花费不比玩。（理由：正确地比较，让自己成为一个健康发展成长的人。）

7. 社交规范：手机固然很重要，网络固然很新奇，恋爱固然很美好，但作为一中学生，这些暂时不适合。花开应有时节，青涩果子不好吃。（理由：每个年龄段都有每个年龄段要做的事，我们这个年龄段的第一要务是学习。）

8. 宿舍纪律：有缘千里来相会，宿舍兄弟和姐妹；其乐融融和谐美，幸福友缘须珍惜；宿舍就是休憩园，少些卧聊足睡眠；不要垃圾来装点，清洁才是好装饰；跑操迅速又整齐，回到寝室要及时。（理由：睡自己的觉，也不能让别人说去吧；动作迅速，证明你是时间的主人！）

这份班规里面没有惩罚、没有减分、没有罚款，没有这不准那不准的一些传统制度的要素，但是，它对学生的教育和影响却很大。这份班规就是通过全班学生集思广益，大家讨论商量制定，立法部出台的。为什么要在每一条的班规后面，还增加一个"理由"？传统的制度文化建设，忽略的是学生内心的感受，因此难以推广和坚持下去。而我们的班规从学生自身成长需要出发，告诉他们为什么要这样做，告诉他们制度不是约束你的力量，而是帮助你成为更可爱的人的法宝。这样，给制度一条让人能够接受的理由，孩子们就会从心底里接受它，把它作为构建自己幸福生活的行动指南。

组织文化——打造优秀同行团队

文化不仅是一种价值理念、一种制度，还是一种生活方式、存在状态。用文化带班，离不开一个很重要的环节——学生的同伴文化建设。我们推行小组文化建设，夯实基础组织文化，给孩子们一个优秀的同伴，让他们结伴成长。

推行"三人行"结构单元，给学生一个优秀的同伴。

我们班小组采取的是"三人行"建设机制，即每个小组由两个"三人合作小组"组成。每个合作小组由"好、中、差"（以学习习惯、能力和态度划分）三名学生组成。这种三个人的单元结构，我们称之为"三人行"，源于孔子的那句话，"三人行，必有我师"，目的是给学生一个优秀的同伴，让他们互相帮助，互相学习，共同进步。

150分的数学试卷只能写上三之一的肖源，见着数学就想绕道走。在"三人行"数学高手李芳的带领下，他买了《数学调研》一书，每天钻透五道题，不懂的李芳为他耐心讲解。终于，肖源的数学成绩提升到了90分。肖源妈妈高兴地提着水果来学校，说要好好感谢李芳她们！

王丽英语成绩不好，她和李芳互相抽背单词，英语词汇量明显增加。王丽的进步连英语老师都诧异："这从不肯开口的王丽，现在不仅肯回答问题，还追到老师这儿来背课文了。"

李芳呢，更有成就感，她不仅在和王丽抽背单词的过程中巩固了词汇记忆，还在给肖源讲题时，将一些不知所以然的题都弄明白了，知识理解得更牢固了。真是"名利"双收啊。

细化小组内部要素建设，提高小组合作效率。

我们每个小组建设都有自己的组织要素，如有组名、组训、组内分工、组规和小组目标。这样每一个小组都是一个独立的战斗单元。

而且，好些组训都很鼓舞人心。璟涵组的组训是"希望小组的每一个人都能成为既有涵养又如美玉一般出众的人";喜乐组的组训是"发现喜悦,发现快乐,制造喜悦,制造快乐,分享喜悦,分享快乐";惊梦组的组训是"一鸣惊人,朝着梦想前进"。

一些孩子有不良学习习惯,老师督促多次改不了,可是在小组之中,却往往能够有效地解决。因为他们有自己认可的组规啊!

这不,林蔚被他们组的组员批得逃到我这来叫苦求情:"西早(覃)老师,我以为欠交作业是我个人的事,这怎么就成了关乎全组荣誉的大事呢?你快帮我去求求情吧,让他们饶了我吧,我真的不敢欠交作业了。"

原来,他们小组的特色组规是,如果每周累计欠交作业三次,必须停电脑课待在教室里补作业。林蔚就指望电脑课上网解解馋,这组规真够狠的,简直是要林蔚的命嘛。我听着林蔚的求饶,乐开了花:"小子,要是我说你,你会改掉这拖拉的毛病吗?"

林蔚摸摸后脑勺:"可能还真改不掉。"

"这不就对了,同学们在督促你做到今日事今日毕呢。"

林蔚乖乖答应了,他的毛病慢慢改掉了,学习严谨了不少呢。他感谢全组对他的监督,居然请全组喝奶茶,还有我的一份呢!

我们班的小组建设,已经成为学生互相影响、互相帮助的一个有效磁场,他们之间不仅仅是学习上的合作互助,更是性格品质上的互相感染。他们互相汲取正能量,互相激励共同成长。学生们已经将学习合作小组变成了他们学习、生活、娱乐的共同体。

建立小组谈话制度,及时疏通学生心结。

我班有一个专门的"三人行"谈话制度。只要我有空,孩子们也方便,他们就可以预约我一起聊天,参加的人员就是一个"三人行"联盟。

这天轮到夏君、王岚、张勋的"三人行"与我聊天,要解决的主要问题是弱势学科如何提升。谈话的程序是,先谈谈自己的生活、学习、心态,再进行"三人行"交流,老师给出建议。

夏君对学数学头疼得厉害，题稍难就拿不到分。张勋数学不错，接过夏君的话茬，说道："数学学习就是要弄清概念、记清公式，然后类型题归类做，我将老师强调的、高考一定要考的题型，归类做成经典题型本，感觉很好用。"夏君一听，高兴得要死："那我也做一个类型题本，你到时帮我看看。"

张勋英语不行，没信心，做题几乎靠猜。王岚英语不错，赶紧支招："你不是英语差，是没信心，老告诉自己英语差，学不好。记单词其实不难，放在课文里记就轻松。还有单词别老花大段时间记，容易累，效果也不好，要学会用小时间记……"王岚心直口快，一口气说了那么长的话，张勋听得两眼放光。

不知不觉20分钟过去了，大家交流得意犹未尽，看到交流时间快到了，赶紧向我讨些建议。

"大家说得挺好的，我提个建议：调整好心态，战胜自己比战胜别人更难，文综复习抓纲举目，如画一棵树，要先画树干树枝再画叶子。而我们学习时常常是从小知识点开始，这小知识点如同树叶，结果只能观其局部，不见全貌。"三人窃喜，高高兴兴回教室去了。

自从建立了"三人行"谈话制度以后，我不断被孩子们找着谈话，他们将与我交流当作一件很开心的事。我们有时聊某一个感兴趣的明星，三个孩子各抒己见；有时聊家长，在孩子们痛诉爸妈的不是时，我耐心倾听，并提醒孩子们爱的反义词是冷漠而不是恨，爱之深才会恨之切。谈话时，我准备好桌椅和小零食，一边吃一边聊，没有老师和学生的距离，有的只是真诚的倾听和平等的对话。于是我和孩子们的心贴得更近了。我们谈学习，谈未来，谈困惑，谈心态，那种心神交融的愉悦洋溢在每一个灯火灿烂的夜晚。

活动文化——拓展梦想飞翔天空

一段班级活动，成就一群孩子的梦想；一段班级活动，激活一群人的思想情感和智力活力；一段班级活动，抒写一个班级的成长传奇！做好班级活动文化，拓展孩子梦想飞翔的天空。

1. 主题活动课程化

我每开展一个主题活动，都会从时间纵深的角度，设想一下中学三年时间，这个主题该怎么做。这就使得活动在主题上具有延续性、整体性、一贯性，同时在操作上也具有前后的借鉴性、启发性，能够不断突破。所以，主题活动不仅仅是一个个问题的解决，更是一系列的课程延续，三年连续，每年不同……

如我们班的"圣诞活动课程"，取名为"圣诞节的戏剧人生"：高一，学生表演课本剧；高二，专门表演莎士比亚的戏剧人生；高三，则是影视模仿串串烧。这样，每年过圣诞节，孩子们都会有期待：今年的圣诞节和去年有什么不同？今年我们要如何浪漫和创新呢？您说，这样的主题活动，怎么会不成功呢？

我们班的另一个主题活动课程——"班级纪念日庆祝活动"，也是三年的设计：高一班庆，"我为瑾瑜献首歌"诗歌朗诵会，小组集体自创的诗歌，朗诵起来更加动情；高二班庆，"寻求优雅的生活"古典诗词歌曲翻唱演唱会，在一首首经典诗词的吟唱中感受诗词的经久魅力；高三班庆，"华丽的转身"兰韵原创诗词表演会，诗词吟诵，情境表演，自编自演，乐在其中。

中学三年，同学们在班会之前要达到什么目标，也就在这个主题班会召开后得到了落实：高一，百学先立志；高二，规划职业理想；高三，让梦想在现实中起舞。梦想就在这一次次班会中得到夯实强化并逐渐走向现实。

2. 创新活动机制

学生是喜欢创新的，我们班的活动，不仅成系列，而且每个活动的形式和内容都不断创新。只有这样，才能够充分激发学生参与活动的热情和积极性，才能够取得良好的教育效果。

2013年7月，我在长沙举办的"全国班级自主教育管理第二届论坛"上展示我班的一个活动——"创意生日"时,下面一些听课的老师边听边赞叹:"天啊,还有这样用心的老师!""简直可以用震撼来形容!"……其实,这不仅仅是我的用心,也是我们班这个团队的用心。在我们班上,过一个浪漫的创意生日,已经成为大家的一种渴望,一种愉悦的文化现象了。

下面我给大家简单介绍一下我们班的生日小创意——

(1)藏头小诗送祝福。

金鹏过生日了,D调小组写藏头诗祝贺:"金玉情怀非等闲,鹏程万里正当年,快意今日同相聚,乐看明朝志更远。"惹得同学们一片尖叫。

(2)疯狂煽情送感动。

小武性格偏激、冷漠、叛逆,从不交作业,经常旷课上网,和父母关系紧张。为转化他,我在他的周记里向他伸出橄榄枝,结果换来的是"我讨厌别人虚假的赞扬"。他没吃晚餐,我买面包给他吃,他理都不理我;甚至为了激怒我,还在周记本里写乱七八糟的东西……在我为转化他而头疼时,"诗意生日"帮我解决了难题。生日那天早上,他推开教室门,全班同学为他唱起生日歌,看着满黑板的祝福,还有到处挂着的气球和送给他的信,他禁不住泪眼蒙眬,趴在桌子上不肯抬头。从那以后,他的心灵解冻了,脸上有了笑容。运动会还主动报名参加了1500米和3000米长跑,为我班夺得团体冠军立下了汗马功劳。

(4)集体行动送祝福。

张帆性格内向柔弱,在全市模考中失利,垂头丧气。大家送给他一盏孔明灯作为生日礼物,并在上面写下高考祈福的话。晚自习后,大家陪他一起放飞承载梦想的孔明灯,一起为他许愿祈祷。张帆非常感动,很快走出了考试失利的阴影。晓芸的妈妈患有精神病,在晓芸18岁生日那天,全班同学手捧着蜡烛为她祝福,为她母亲祈祷,晓芸感动得一塌糊涂。

……

这些生日小创意,极大地唤醒了孩子们的内驱力,不自信的变得自信,自卑的变得自强,自私的变得为他人着想,一个个变得激情上进,才华横溢。

负责策划的孩子也在活动中获得成长。现在就读于中央美术学院的英子曾在周记里写道:"每一次生日创意,都让我的能力获得一次提升;每一次收获赞赏,都让我感到人生更加精彩!"

读着孩子们的感言,我由衷地感觉到,班级文化建设已经成为我教育生命的一部分,成为我一生的教育追求。我用文化丰盈着我的教育人生,也用文化镀亮了学生成长的天空!

魏书生

著名教育学者，全国优秀班主任，全国中青年有突出贡献的专家，首届中国十大杰出青年，中国共产党第十三至十七次全国代表大会代表，盘锦市教育局原党委书记、局长，现任中国高教学会学习科学研究分会理事长，台州书生中学校长。

种好心田

35年来，我跟一届又一届学生说：世界上每一个人都是一切社会关系的总和。静心思考，每个人内心深处都是一个宏大的世界，都有日月星辰、江河山川、花鸟草虫、阶级政党；勤奋与懒惰皆有，友善与冷漠共存。

一个对自己、对他人、对集体、对国家负责任的人，不会埋怨环境，总能够不攀不比，眼睛向内，超越自我，种好心田：自觉培育、扶植自己内心深处追真、向善、求美的幼苗，帮助这些幼苗不断往深处扎根，向高处生长，不动摇，不懈怠，不折腾；一月月，一年年，一辈子，不断享受为自己、为他人、为集体、为国家尽到责任的快乐。

"种好心田"是一个大题目，可以写成几本书，本文只是抛砖引玉，谈了选择积极角色、心灵对准真善美、自信从扬长开始、写日记、写座右铭、写说明书六个小问题。愿这块砖能引出更多师生写的"种好心田"的玉来。

选择积极的角色

面对犯错误的学生，一位教师真的可以扮演十几种不同的角色：

可以扮演一个大发雷霆的莽撞的角色，使自己生一顿气，也使学生生一顿气；可以扮演一个不负责任、听之任之的角色，结果学生越来越不好，自己的威信也越来越低；可以扮演对学生只会训斥挖苦一通，除此之外束手无策的角色，使师生之间心理上有了隔膜；可以扮演有丰富经验的教师角色，给学生分析吵架的弊端危害，帮学生找到避免吵架的措施，使学生佩服得五体投地；可以扮演学生的严父、慈母、兄长、亲属的角色，使学生感到亲人般的温暖和爱护，在温暖中改正错误；可以扮演学生的好朋友的角色，扮演和学生一起淘气的伙伴的角色，再现学生淘气时的心理，然后使其心悦诚服地同自己一起将他的错误思想捆绑起来；当然也可以扮演生理保健医生、心理诊疗医生的角色，分析学生犯错误的心理原因，然后帮助其排除障碍……

总之，对于犯错误的学生，教师有着多种角色定位的选择。选择的角色不同，决定着教育效果的不同。

日常生活中，我们无时无刻不面对各种角色的选择。在生活这个大舞台上，我们更是要扮演多种角色，我们千万不能把自己封闭在一个角色里出不来。

选择积极的角色这个道理，我也经常跟学生讲。我说："老师在大家面前是你们的班主任、语文老师；在全校师生面前，是校长、书记；老师出了学校，走在大街上就是行路人。这时我就不能把自己封闭在班主任的角色里，若走在大街上，对面来了人，我非要给人家当班主任，那不是自找麻烦吗？

"我闯红灯了，这时就扮演了违反交通规则者这个角色了。既然是违反交通规则者，就不能想，我和交警队队长是朋友，交警批评我，我不服。而应该扮演好违章者的角色，老老实实地接受批评，接受处罚，以后真心诚意地改毛病。

"对医生来说我是患者，对邮递员来说我是收件人，对政治家来说，我只是一张选票……"

我总想，地球上不少麻烦事都是有人总想高人一头造成的，而如果我们想着自己在人格上和最平凡的劳动者是一样的，便能演好"人"这个角色。倘若不寻找积极的角色来扮演，明明是挤火车者，却不肯安心，总是牢骚满腹，一百个不平，一千个不忿，这不是自我折磨吗？变换角度思考问题，选择积极的角色进入生活，不但使人快乐，更容易使人成功。

心灵对准真善美

一届又一届的学生都爱问我这样一个问题："老师，现在的社会好不好？"我反问："你说好还是不好？"学生说："按理说社会主义好，但你看党内那些不正之风，有的当官的拼命捞钱，有的给自己的亲属安排工作，有的用职权压制老百姓……社会上不少坏人偷抢拐骗，打架斗殴，你怎么看这些东西？"

现在的学生信息源已经很多了，对于这些阴暗面，有的比老师知道得都多，都具体，老师如果直接否认这些阴暗面，学生会觉得你在骗人，便不再信服你了。但如果只停留在承认这些阴暗面上，让学生们讲、看，学生们又会为此而生气，甚至泄气。这些丑恶的东西，不要说学生，我们大人看了还生气呢。

于是我引导学生讨论："盘锦市容怎么样？"他们有的说好，有的说不好。说好的同学喊："市里有湖滨公园。""有新修的火车站。""盘锦市政府大楼比营口，比锦州，甚至比沈阳市政府办公楼都漂亮……"说不好的则喊："盘锦市内街道窄，车辆多，市内交通混乱。""市内有好几个大脏水坑。""市内平房区垃圾遍地。"……

"这么说来，盘锦市容也好也不好，那和五年前比呢？""那当然好多了。""现在是好的方面多，还是坏的方面多呢？"刚才说盘锦市容不好的同学也都承认，还是好的方面多。

即使在那垃圾遍地的平房区内，迈过很脏的小巷进入每家的院落，里面还是整齐洁净的。进到屋里，许多家庭都装修得非常漂亮。可见不好的地方也有好的一面。反过来，大家都说湖滨公园好，湖滨公园垃圾箱那块脏不脏？湖滨公园的厕所不也有苍蝇蚊子吗？那么你到公园去看什么？很明显是看鲜花，看亭台楼阁，看小桥流水。谁也不会利用周末休息时间，买张票到公园看苍蝇和垃圾去。看那些东西不是享受而是遭罪。

如果说我们的心灵是摄像机，眼睛便是摄像机的镜头。面对社会，面对生活，我们拍下什么录像在自己的心上，全由自己说了算。

社会中肯定存在不好的东西，社会还没有达到尽善尽美，所以我们才追求更美好的共产主义社会来代替它。说它好，是因为它比过去好。说它好，是因为在这社会中好人占多数。

我们不能因为湖滨公园不好，就说盘锦市不好，不能因为社会上有不正之风，就说一身正气的干部不好，就说整个社会不好。

社会再向前发展一万年，也还会有垃圾，也还会有坏人。问题在于，我们应该让自己的摄像机对准什么。这常常决定了我们的心灵世界是阴暗还是晴朗。

一个学生，从早到晚瞪着两只眼睛，总看阴暗面，总看垃圾、脏水、苍蝇、蚊子、打架、斗殴、懒散、懈怠、违法乱纪，久而久之，他心灵的录像带，左一盘、右一盘录的全是这些假丑恶的东西，于是他发牢骚，他愤懑，他觉得天昏地暗，自己的内心也没有光明。反过来，从小多看光明呢？阳光、鲜花、清泉、蜜蜂、老黄牛、雷锋、周总理、团结、友爱、勤奋、进取、廉洁、奉公。时间长了，他心灵深处充满了这些催人奋进的因素，于是他昂扬，他奋发，他乐观，他觉得天晴地朗，自己的内心一片光明。

阴暗的东西不是不可以看，而是要把它放在应有的位置上看，别看多了，别总看。看的目的不是发牢骚，不是埋怨，更不是跟着学，而是去想如何改变它、消灭它，想到这些不好的东西的存在，自己也有一份责任，自己也该为抑制它、消灭它尽一份力所能及的力量。

生活中的阴暗面，我们没有能力抑制或消灭时，我想还是不看为好，何必让那些苍蝇臭虫一样的人弄得自己恶心呢？

我引导学生将心灵摄像机对准真善美，摄下了一组组感人的镜头。

严冬，野外，我们看到钻井工人冒着严寒在钻台上紧张地作业，井内喷出的泥浆浇在棉袄上、棉裤上，都冻成了冰，但他们还坚守在轰隆隆的钻机旁；盛夏，烈日，我们去野游，看到农民在晒得发热的水田里，弯着腰挠秧拔草；初春，我们看到工程兵在蛤蟆塘两侧修带状公园，挥大镐，刨冻土，我们穿着棉衣，而有的战士光着膀子还浑身冒汗。

我说："咱们把这些都拍摄到自己心灵的录像带上，不要拍完了就完事，而要经常拿出来放一放，使它变成激励自己上进的力量。"

自信从扬长开始

1992年5月6日，我刚从深圳归来，校内来了六个地区的老师听课。我连上了几天公开课，到5月20日轻松了些，一天只接待了四个市的客人，都是谈开会的事，我以为不会有人听课了，不料进班级时，教室的过道里又坐满了人。这节本该是复习课，听课老师一多，便改为讲新课，我选了《扁鹊见蔡桓公》这一课。

同学们查资料、翻译、讨论，教学重点基本掌握了。我想，学习最差的学生能不能掌握呢？便说："张军同学，请你翻译一下第一段。"

张军没有推辞，站起来，很有信心的样子，不料，才刚译第一句话，便引起了哄堂大笑。原来他把"蔡桓公"念成了"蔡恒公"，在张军之前已有五位同学读、译此文，没有语音错误，蔡桓公又是这课的主角，一篇短文里"桓侯""桓公"出现了11次。从上课到张军发言，大家说"桓公""桓侯"不下30次，都是正确的，即使如此，张军也还是读错了。同学们和听课老师笑也不奇怪，哪有人家说了30多遍以后，他还读错了呢？

错已成现实，课堂上，我显然不能停留在笑上，不能停留在张军不认真听课就批评他一顿上。张军就是批评挨得太多，已经找不到自己的长处，没法扬长，自信心就没有立足之地了。我应该帮他找到长处，帮助他的自信心建立根据地。大家笑过之后，我表扬了张军的长处："我发现，张军同学有了进步，他开始独立思考问题了。"同学们先是一怔，紧接着为张军鼓起掌来，大家理解了老师的意思："桓"和"恒"是形近字，上课时张军没听课，这是他的错，但到他发言时，他能根据"桓"字的字形，想到"恒"字的读音，这说明他进行了一番独立思考，而不是遇到不认识的字就不读、不想。如果他经常这样独立思考问题，学习肯定会有大进步。

这表扬使张军增强了自信心，别的同学也从中悟出一点道理。

张军同学是 1992 年 3 月从六班分过来的，分班时，每个班倒数第一名的学生都分到了我们班，而张军在这几名学生中成绩又是最低的，要找他的缺点批评他毫不费力，但这样做只能打击他的自信心，强化他的自卑感。显然他在自己不长的人生路上，经受过的打击是足够的，也可以说是过剩的。他不缺批评，缺少的是鼓励，缺少的是肯定，缺少的是别人帮他找到长处，使他的自信心有个落脚的地方，有个根据地。

事实上，每位同学都有长处，而且不止一个长处，最后进的同学，也会有三五个长处，有的长处还非常独特，一般人赶不上。所以问题不在于学生有没有长处，而在于老师和学生自己有没有发现长处的能力。有了这个能力，就能从缺点很多的同学身上，发现许多长处，没有这个能力，明明很多长处也会被自己和别人埋没掉。

刚接班时，别的同学不到一天都找到了自己的长处，唯独张军说："老师，我确实没什么长处。""找不到不行，明天再找不到你写 500 字说明书，后天再找不到就写 1000 字的说明书，直到你找到为止。"

第二天，他来找我，我问："长处找到了？什么长处？"他很紧张，脸涨得通红，极不好意思地说："我的心肠好，爱干活。"

"这就是了不起的长处，心肠好，爱帮助别人，到哪里都会受到别人的欢迎和帮助。爱干活，你说的是爱干体力活吧，现在各行各业需要以体力劳动为主的工作岗位还非常多，你愿干，把这当成乐趣，那就能成为优秀的工人。"

他高兴了，以后心地更加善良，更愿意帮助别人，也更愿意为班级做好事。

他对待学习也逐渐开始认真。过了三个月，他说："我现在开始每天都完成量化作业了。"又过了一段时间，他说："我的作业已有将近一半不抄别人的，凭自己的力量写了。"后来，他已经能够独立写完日记，写完英语、政治、历史、生物作业。

他的自信心，根植于"长处"的土壤，一点点地成长起来。

我体会到，在犯错误的学生面前，困难的不是批评，不是指责，更不是数落他的一系列错误，而是找出他的错误的克星，这样才能帮他找到战胜困难的信心的根据地。

坚持道德长跑——写日记

多少年来，我外出作报告时曾多次向青年教师真心诚意地建议：坚持每天写日记。散了会，和老师们座谈，我又常常不厌其烦地建议青年人写日记。

为什么总这样建议呢？因为我自己从中收获了多方面的益处。

日记能使我们记住自己做过的事，见过的人，用过的物，记住自己的经验与教训。人很奇怪，许多过去好的经验、好的做法常常被遗忘了。我常想，人如果不背叛自己童年、少年时心灵深处真善美的一面，坚持自己那时勤奋上进的好习惯，那么每个人都会成为杰出的人，都可以成为伟人。遗憾的是，人常常善良一阵子之后，又觉得恶人常有好报，于是便也学着作恶，但终于狠不下心来那样无耻，于是又回归自己的善良；人都有过勤奋的时刻，但又经受不住安逸的诱惑，向往无所事事又觉得太问心有愧，于是又踱回勤奋。生命便在这善与恶、勤与懒的犹豫中过了一大半。写了日记，常翻一翻，人便容易记住自己，不失去自己，忠实于自己真善美的一面。

写日记有利于改变自己。很少有人劝自己狭隘、自私、消极、懒惰，心理正常的人一般都在日记中劝导自己：要助人，要积极，要勤奋。这发自内心的劝说鼓励同来自外界的劝说鼓励相比，作用更大。

写日记能磨炼人的毅力。写一篇日记容易，坚持下来难。特别是时间紧、任务重的时候，要坚持写日记就更难。而一旦坚持住了，便产生了心理惯性。日久天长，磨炼出"一不做，二不休""不管千难万险，也要坚持到底"的毅力。

写日记，很多时候都是解剖自己，分析自己。人正确地分析、认识、评价自我，才能更有效地更新、改造自我。

写日记也能宣泄不良的情绪。在工作单位宣泄和在家里宣泄都免不了使别人不愉快，较好的宣泄方式是写日记。有了什么郁闷，写出来，说出来，再看一遍，原来的怒气、闷气不知不觉就没了。难怪有的学生管日记叫"无声的朋友""最知心的朋友""最冷静的朋友"。

写日记能提高分析认识社会问题的水平，还可以积累资料，提高写作水平……

我把写日记叫作道德长跑。为什么叫道德长跑呢？我看到，那些春夏秋冬，年复一年坚持长跑的人，都变得身体健康、强壮有力（当然别的体育锻炼也会有同样的收效）。

能不能有那么一种锻炼方式，倘长年坚持不懈，就能使人心灵健康、强壮、开阔呢？我觉得写日记就有这种作用。

绝大部分心理正常的人写日记都说心里话，说真话；绝大部分人写日记一般都劝自己上进，劝自己助人、改过；绝大部分人都在日记中针砭丑恶，赞扬美善，歌颂心灵美的人，歌颂美好的事物，这便起到了教人向善爱美的作用。

所以我总跟同学们说，坚持写日记，便是坚持道德长跑，能使人的心灵求真、向善、爱美。

每一位坚持长年写日记的人都有了多方面的收获。我常想，如果我们中国人有一半的人坚持长年写日记，那么我们民族的思想素质、文化素质真的会提高得快一些。

有三部分内容的座右铭

外省来听课的老师,看到每位同学桌上都放着一件做得很好看的五面体,上面写满了字,便问:"这是什么?"

"是座右铭。"

要求全班贴座右铭是 1985 年的事,1986 年我当了校长,便要求全校 1516 名学生每人都要贴座右铭。原来的座右铭全校要统一规格,长 10 厘米,宽 6.18 厘米(符合黄金分割)。1988 年,我要求全校学生课桌上都要蒙上白桌罩,这样一来,座右铭没办法贴了,学校便号召大家搞小发明,解决桌罩和座右铭统一的问题。

在众多发明中,我们暂时采用了这样一种,即:做一个长 10 厘米,宽 6.18 厘米,高 1.5 厘米的五面体,从两个侧面看是腰长 6.18 厘米,底边为 1.5 厘米的等边三角形。这个五面体可以用硬纸板折叠而成,也可以用塑料板,用五合板,用铁板做。有的同学更有趣,用整块塑料,或整块木头,锯成所需的五面体,打磨平了,蹭光滑了,看上去像一件工艺品了,才在上面贴上座右铭。这种五面体放在桌罩上比较稳固,不易被碰倒,不易被风刮走。

座右铭上写清三部分内容:

第一,自己最崇拜的人的名字或照片。

第二,自己要追击的同学的名字。

第三,针对自己思想弱点写一句医治这一弱点的格言。

我爱读人物传记,孟子、诸葛亮、岳飞、文天祥、周总理是我自小学起一直崇拜的偶像,尽管我们很难达到伟人的境界,但以伟人为人处世的言行为典范,指导自己的言行,显然有利于人的成长。朝着伟人的方向攀登,本身就是一种人生幸福。

一个凡人,始终不渝地崇拜着一位伟人,他一定能减少许多庸人层次的烦恼,一定能较容易地使自己摆脱低层次的现象的缠绕,从而使自己在许多问题上能超凡脱俗。

我从伟人身上汲取力量，便也愿引导自己的学生这样做。敬爱的周总理的纪念章我已佩戴很多年了，见我崇敬周总理，于是许多同学在自己的座右铭上写道：最崇敬的人——周总理。也有的同学写最崇敬的人是华罗庚、陈景润、岳飞、爱因斯坦……

1992年7月我在山西讲课的时候，四川一位老师便提出这样一个问题："假如学生在自己的座右铭上写最崇拜的人是希特勒怎么办？"我的学生还没有崇拜希特勒的，但有崇拜拿破仑的。我问："崇拜拿破仑的哪些方面？"答："崇拜他统率千军万马的英雄气概；崇拜他历经多次失败，但仍然不屈不挠的顽强意志；崇拜他虽然身材矮小，但仍不自卑的品质。"显然，学生说的拿破仑的这些优点都是值得人们崇拜的。学生也讲了他讨厌拿破仑有时盲目自大、目空一切、傲慢、自私、贪婪、残忍。但这些并没妨碍拿破仑成为伟人。这些东西我们不学就是了。

假如有学生崇拜希特勒，那他大概是对希特勒不了解，至少了解得不全面，他也许只是崇拜希特勒的出奇制胜，征服欧洲许多国家的军事战绩以及他那充沛的精力。至于希特勒的残暴、凶狠、神经质，以及给千千万万的人带来的深重灾难，倘若学生知道这些，我想他就不会崇拜希特勒了。

座右铭的第二部分是写清在本班要追上的同学的名字。

这些年来我组织学生进行学习竞赛，不只让学生追尖子、当冠军，更多的是鼓励学生自我竞赛，鼓励学生和自己程度相近的同学竞赛。如果你期中考试在全班排在第70名，那么你的奋斗目标就是追上第69名的同学，你成了第69名就是胜利。

这样的竞赛，这样的追击，取胜的希望大，也就更能激发学生竞赛的积极性。倘若鼓励第70名的学生经过两个月的奋斗成为第17名，那学生就会觉得两个月升到第17名是开玩笑，根本没有可能性，他当然就没信心了，就谈不上积极进取了。

每位同学的桌子上都写着一位同学的名字，而自己的名字又写在别的同学的桌子上,成为别人公开挑战的目标。这样大家都前有榜样,后有追兵,班级便形成了一种你追我赶的学习氛围。

全班同学只有倒数第一没有追兵,但处于这个位子,也不能不着急,没人追他,他也会尽最大努力超过倒数第二,改变自己的处境。学习最好的同学没有追击目标,但后面那么多人都追他,想争夺他的位置,这么多动力推着他,他也会奋力向前。

座右铭第三部分内容是写一句话。要求必须针对自己的思想实际,最好针对自己的思想弱点。

座右铭和崇敬的人是来自学生心中的选择,像太阳一样时刻照耀他们的内心世界;格言,也是学生针对内心深处的弱点自己选择的,像良药一样,治疗着他们内心深处的疾病。因其来自内心,在发生作用时,就把心底的抵抗降到了最低。座右铭使学生天天看到的是深刻的充满哲理的话,天天想到的是杰出的人,是伟人。这教室里就像有几十位伟人帮我做工作,帮我进入学生的心灵深处谈心,用格言谈心,用警句谈心。如此,教育效果怎么能不突出呢?

犯错误,写说明书

学生免不了犯错误,犯了错误,当然要想办法帮助学生纠正,我常用的一种纠正方法是请学生写说明书。

刚教书的时候,我曾让学生写过检讨书,但我看见过的检讨书往往千篇一律:"我犯了一个大错误……给别人,给集体造成了不好的影响……我大错特错……请老师原谅……今后一定下定决心改正……决心做到以下几点……"

我觉得这样写,浮皮潦草,不能触及内心深处,不容易找到纠正错误的有效方法。于是提出写心理活动说明书。

要求在说明书中基本使用心理描述的表达方法,刻画出心理活动的三张照片,每张照片上都有两种思想在争论。第一张照片,犯错误前,两种思想怎么争论；第二张照片，犯错误中两种思想怎么交战；第三张照片，犯错误后，两种思想作何感想。

这要求是 1979 年提出来的，那时候的说明书写得最规范。

写说明书不一定要说自己有错误，如果认为自己做得有理、做得正确，那就完全可以向自己的内心深处寻找辩护律师，说明自己这样做的根据和对己对人的益处。

1985 年，我到北京丰台区去讲学，会后，教育局丁局长问我："你说说明书和检讨书有什么不一样？"我想了想说："真不太好说有什么不一样，让我想想。"

丁局长说："你的学生回答得非常好。去年我们去你们班级，活动课时看到一名同学正在写说明书。我问他怎么了，他说自习课说话了，再问他说明书和检讨书有什么不一样，你这位学生回答得非常好，他说他是从外地转来的，过去淘气了写检讨书，那时越写越恨老师，现在写说明书，越写越恨自己，感觉就这么点不一样。"

听了丁局长的话，周围的老师都笑了起来，我也没想到一名淘气的学生能有这么深刻的体会。

但要注意的是，再好的方法，使用不当，也会失去效力，甚至产生副作用。有的错误，有较深的思想根源，病情较重，反复较多，这样就需采取多种治疗方法互相配合，我觉得比较有效的方法之一就是写心理病历。

心理病历包括五部分内容：疾病名称、发病时间、发病原因、治疗方法、几个疗程。写心理病历，有时是在个别学生犯错误后，发现他心理上有慢性病，便引导他写。也有时，是针对全班同学在本年龄段的心理弱点，要求大家都写心理病历。例如，拖拉病是这个年龄段的许多同学或多或少都有一些的，明确指出来，想出切合自己实际的治疗方法，便将拖拉控制在较小的范围内。又如"苛求朋友症"，大量中学生渴望交朋友，但对"朋友"二字的理解比较狭隘，或讲哥们儿义气才够朋友，或形影不离才够朋友，或同仇敌忾才够朋友，朋友便只能求同，不能够存异，朋友便不能和与自己不合的人关系和谐，这样苛求朋友的结果是容易失去朋友，产生重重苦恼。一些苛求朋友的同学在我的帮助下写了病历，进行治疗后，明白了朋友的广泛性，朋友的阶段性，朋友的独立性，感觉朋友多了，人生之路开阔多了。

学生犯了错误，写心理病历，有利于使他跳出自我保护的小圈子，站在客观、公正的角度，冷静地选择改正自己错误的方法。

犯了错误唱歌、做好事等等，也都是我们"惩罚"学生的方式。

世界也许很小很小，心的领域却很大很大。班主任是在广阔的心灵世界中播种耕耘的职业，这一职业应该是神圣的。愿我们以神圣的态度，在这神圣的岗位上，把属于我们的那片田地，种植得繁花似锦，硕果累累，以使我们无愧于自己的学生，无愧于自己生命长河中的这段历史。

吴樱花

苏州工业园区星港学校教师，中学语文高级教师，苏州市德育学科带头人，江苏省师德先进个人。曾因以15万字随笔跟踪记录一名顽逆少年而备受媒体关注。组建民间教师发展团队——青葵园，团队自发开展课题研究，共读共写共成长。出版专著《孩子，我看着你长大》，主编并参与撰写《遭遇学困生——学困生的教育与转化技巧》。

蓦然回首　彩霞满天

蛰　伏

1990年8月,19岁的我大学专科毕业。作为优秀学生干部,县短跑纪录保持者,踌躇满志的我遭遇人生第一次重创:不仅没能如愿留在苏南工作,连县城都没能进。听说上级有规定,这届大学生分配全部"一刀切"——下乡锻炼。

我是农村出身,自然就被分配到县里最偏僻的一所完全中学工作,负责教初三和高三共四个毕业班的体育。那里的条件非常艰苦,几排平房,校舍破旧斑驳,校园里连一条像样的水泥路都没有。一到雨天,校内校外都是一片泥泞。学校只有一片空地作为操场,隐约有学生跑过步的痕迹就算是跑道了,跑道之外杂草丛生。如果仅仅是物质条件的简陋,那自然算不上是最糟糕的。最糟的在于学校没有人在乎我的体育课是否按规范上,因为在我之前,这里几乎就没有过科班出身的体育老师。所以,在更多人眼里,体育课就是把学生放出教室去玩玩,不管什么人都能带体育课。更何况,体育也不算成绩,不参加考试,不影响评比。所以,体育课在当时的评价体系中基本没有分量。

那是一段让我轻松得忘乎所以而又郁闷得不知所措的时光。轻松让我没有了方向，没有了追求，似乎浑浑噩噩就是自己一直想要的繁华；但是夜深人静时，那个郁闷的我经常追问自己：难道我就这样一辈子"混"下去了吗？我是不是就要在这个不被人重视的工作中消磨掉自己的一辈子？难道我的生命就不可能出现任何转机了？难道陪伴着我后半辈子的注定就是这份荒凉和简陋？

轻松和郁闷交织中，一年的时光就这样无声无息地流逝。一年之后，大学母校寄来信函，希望我报考体育本科函授。我想，在这里教体育，我专科水平已经绰绰有余了，还要去读体育本科干吗？但是，放眼四顾，我的同学中大部分都在考本科函授，争取深造的机会，而争取深造的机会，就是争取改变生活现状的机会。于是，不甘心就这样被埋没的我似乎找到了些生命寄托。但是立足于现实，体育专业显然已经不再是我的首选，在这里我如果想要在教育上走得更远、更宽，显然，我必须超越自己之前所学的专业。于是我将目光投向了其他相关专业。经过再三权衡，我决定报考教育管理专业。

对新领域的兴趣，对未来的憧憬以及挑战自己的激情，使我在备考阶段废寝忘食。年轻就是资本，1992年8月，我成功考取了华东师范大学教育管理专业本科函授班。当时的我怎么也无法预料，这一次的专业改变，为我一辈子的教育教学方向奠定了基础。

三年的时间在不经意间飞逝，1995年我顺利完成函授学业，拿到了本科文凭。也就是那年的暑假，恰逢全县普及九年义务教育，语文老师紧缺，学校领导到处张罗找代课教师。于是我主动请缨，要求改教语文。

可想而知，体育老师改教语文面临着怎样的窘境，主动听专业语文老师的课，反复诵读钻研教材，课堂上注意观察听课学生的反应，课后不停询问学生的感受，认真分析每一次作业和测试中反映出来的问题，适时调整上课的节奏，科学处理每一篇课文的重点难点。一年后，我所带班级的语文成绩竟然出乎所有人意料地名列前茅。我更没有想到，我竟然就这样以专业语文老师的身份被调到了县城的一所学校，还兼任了班主任，一块新的天地又在我的眼前展开。

刚做班主任时，年轻气盛，再加上整个大气候大环境的影响，又辅以"严是爱，松是害"的古训，我也曾经将"严"狭隘地理解为"揍"，因为各种原因体罚过学生，并想当然地认为，学生应该理解自己的这种粗暴的教育方式，接受自己以爱的名义进行的这种惩罚，也固执地认为体罚学生一定强过对学生各种不良习惯的熟视无睹。但是，后来一名已经毕业的学生拿着刀冲进学校找原班主任"算账"的事件，给了一向信奉棍棒之下出人才的我当头棒喝。我想，如果我一厢情愿地按照自己的要求迫使学生服从，而不能从心灵深处赢得学生的信服，那么，前面这位遭遇学生"报仇"的班主任就是我的前车之鉴啊。现实让我不得不反思，教育是不是只有一种方式、一条途径？如果真如俗话所说，"条条大路通罗马"，那么我所奉行的是不是就是最科学的、路径最短的？我是不是真如自己所想的那样，能够体罚学生还如此理直气壮、名正言顺？

我开始经常光顾学校阅览室、图书馆，从专业报刊中汲取教育教学的最新资讯，向更多的名家名师学习先进经验。慢慢地，我明白了，教育不是简单的老师说，学生听，而是走进彼此的心，只有当心与心之间没有障碍，不存在隔阂，走进彼此的心才有实现的可能。于是我开始尝试用自己拙嫩的文字记录班级琐事和自己的思考，利用批改作文的机会与学生进行深入交流。甚至特别喜欢用文字和学生沟通，来解决学生遇到的种种个人问题。我还喜欢去家访，去郊区村子里家访时，我总是带着一群孩子，不，应该是一群孩子带着我。他们一路向我介绍村子里的种种趣事，告诉我他们会做哪些农活。孩子们没有面对老师要来家访时的防备和恐惧，我也没有要去学生家家访时的居高临下和盛气凌人，陪伴一路的是孩子们回家的轻松笑语和我走回自己熟悉的生活环境的轻松惬意。到了目的地，农村孩子的家长都很热情、淳朴，争相邀请我在他们家吃饭，虽然都是农家的粗茶淡饭，但那种亲切和真诚是我至今都无法忘怀的。我在为他们感到欣慰的同时，也深深地感谢他们，是他们让我思考：教育的真谛到底是什么？是分数的较量？是思想的点燃？是心灵的唤醒？还是人生方向的拨正？

帕克·帕尔默说:"心灵引导是一个相互的过程,不仅仅学生要遇上合适的导师,导师也要遇到合适的学生。"如今回想起来,最让我感动的就是这些在我初当班主任时给予了我巨大的能量和动力的那些农村的孩子们,是他们让我爱上了班主任这项工作,并且在这条艰辛而幸福的道路上乐此不疲地越走越远。

在那个学校,我带了两轮学生,做了六年班主任。虽然我不是中文专业的语文老师,但我带的班级语文成绩总能名列前茅,这不得不归功于我是班主任。为了对得起这些孩子,也为了自己更好地发展,我的寒暑假基本都在学习培训中度过。我参加中文本科函授考试,虽然以失败告终,但刻苦复习的过程让我积累了很多专业知识,提升了我的文学素养。我是县里第一批报名参加普通话培训的普通老师,为了纠正自己的读音,经常要向测试员请教,我几乎把自己逼成疯子。我读于漪,读李镇西,读魏书生,在走近这些教育名家的过程中,我不断地拓宽拓广属于自己的教育舞台。我积极主动地要求开公开课,在这些公开课的准备中,我不断地磨炼自己,把自己毫无掩藏地亮相在专家和同仁面前,我不放过任何让自己补充营养的机会。

现在想来,那六年是我蛰伏修炼的六年,也是我快速成长的六年,六年的时间让我由一名语文新手成长为骨干教师,并成长为一名成熟的班主任,论文随笔也频频获奖和发表,我如愿评上了中学语文一级教师,荣誉鲜花也开始向我涌来,而这满天的彩霞都是我当初没有想到的。

失 重

2002年8月,我应聘到昆山市玉峰实验学校工作。刚进新学校,我就遇到了时任苏州市副市长的苏州大学博士生导师朱永新老师在玉峰实验学校倡导新教育实验。我聆听了朱老师的报告,对他提出的成功保险非常感兴趣。朱老师说:一名教师如果坚持每天写1000字教育教学随笔,坚持十年一定成功。如果不成功，他愿意以一赔十。我对此感兴趣绝不仅仅是为了追求所谓的成功，而是因为我认为坚持写教育随笔确实能促进教师思考，有利于教师素养的提升，也有利于教育教学资料的积累和提炼。即使不成功，对自己也是有益无害的。

初到一个新环境的兴奋和热情，让我开始认真地写随笔，每天每周按学校规定完成随笔任务。在观察记录的同时，我还开始把随笔发到教育在线网站上。我开始时记录随笔的内容有两个方面：班级管理和语文教学。一个月左右的时间，我发现我的随笔里经常出现一个男孩的名字。于是，不少网友也建议我，把这个孩子的故事专门记录下来，这就是后来我的随笔中的第三方面内容：档案跟踪记录。很快，这个档案跟踪记录就受到了广大网友的关注。大家都很想知道，这个孩子身上还会发生哪些故事，他的将来会是什么样子的。

宋小迪，就是我随笔中的男主角。这个被同学称为"天地间第一恶人"的男生，为了惩罚隔壁班的同学，能把牙刷沾上粪便再洗干净后让人家刷牙，能把自己喜欢的女生的名字用刀片刻在自己的胳膊上，能为了打篮球强烈要求退学进NBA……三年时间，他几乎每天都要给我制造种种麻烦。有人对我说，这个孩子简直就是害群之马，要想办法把他整走。也有人说这样的学生不值得老师这样为他付出，最多把他捧三年捧走算了。而我则认为，不管这个学生多么恶劣，作为老师，我们都不可以非人性化地以种种借口把孩子逼出校园，除非孩子有更好更妥当的出路。我认为，每一个孩子身上都有闪光的东西，我们要努力从他们经历的种种事情中提取出教育的积极意义。于是，细心观察之后我发现，宋小迪也有集体主义观念，班级搬水拖地的任务他常常独自承担；他也有热心善良的一面，他为学习遇到困难的同学细心讲解，为养活一只流浪狗情愿自己不喝牛奶；他思维积极主动，上课总能看到他高高举起的手；他的发言充满创意，课堂上我总是把最后的难点突破交给他来完成；他的作文立意新颖，语言生动，无论是写给女生的情书，还是抒发自己对韩寒的认同，无论是赋诗填词、生活随笔，还是考场命题作文，他的文字都显示着深刻的思想，流淌着真实的情感。这一切让我无论如何都不舍得放弃这个孩子，我坚持以无条件的接纳和宽容帮助他，一次又一次地找他谈话沟通，耐心地疏导他。在他的日记评语里，我也从不吝啬自己的笔墨，确保交流无障碍。

而我也因此面对来自各方面的种种压力：宋小迪的表现让我带的班级常规积分总是倒数，听说领导曾因此一度考虑要把我这个班主任给换了；宋小迪与其他老师起冲突后都要我去收场，因我没能按照常人所期望的打压住他，而让其他老师误会我包庇纵容学生；因为网络传播的效果，这个档案记录刚开始一年就引起了媒体的关注，他们对我的宣传也给我带来了巨大的压力，2003年，我甚至还上了《人民教育》的封面。于是，校园里，一些夹枪带棒的话语也开始不绝于耳。我感到自己似乎被一堵无形的围墙隔离了，我不知道宋小迪三年以后的结果将会怎样，而这坚持的过程已经让我艰于呼吸。就在这样的艰难处境下，绝不放弃那个学生就成为了我唯一能坚持的。

我无暇顾及很多。我不仅要做好班级管理，处理好宋小迪制造的N个事端，还要致力于语文教学，因为我是作为一名优秀的语文教师被招聘进来的。又恰逢新课改推行，我最先承担了各级各类的公开课。学校是新的，学生是新的，教材是新的，教学手段也是新的（学校正在普及多媒体），我就这样昏天黑地地忙碌着。我把所有时间都编织成网，自己就像一只不知疲倦的蜘蛛，在这张巨大的网上勤奋地耕耘着。在一年之后，背井离乡非科班毕业的我，在高手云集中竟意外地被评为昆山市语文学科带头人。

荣誉丝毫没有减轻宋小迪给我带来的困扰，我唯有不断地鼓励自己：我不能放弃这个孩子，即使我不能使他更好，但至少不会让他向更坏的方向发展。三年时间，我为他写了15万字成长日记，每年一本装订成册送给他。中考结束，宋小迪主动要求留在教室，一个人默默地把教室打扫得窗明几净，桌凳摆放得整整齐齐，还把卖完废纸的80元钱压在我的办公桌上，留言捐给我们班级资助的一名云南的小学生。中考成绩揭晓了，宋小迪竟然奇迹般地以660分名列昆山市第一名。发分数单那天，在全班同学面前，他双手接过分数单，恭恭敬敬地对我鞠了一躬，久久不愿起身。那一刻，我感受到了做班主任的无限幸福。

因为国人对"状元"的情有独钟，也因为一直被媒体关注的宋小迪中考成绩竟然是这样的出色，为他写了三年成长记录的班主任——我，理所当然地成了媒体关注的焦点。从国务院新闻办、央视《新闻调查》，到省、市地方电视台，到《中国日报》《新民周刊》等报刊，以及众多网络媒体都对我的事迹进行了报道。我一下子陷入了新闻媒体宣传的汪洋大海之中，特别是《姑苏晚报》连续四天头版头条的跟踪报道和整整八版浓缩刊载了我的随笔记录以后，很多兄弟学校争相找我作讲座，对老师和班主任进行培训。各种荣誉也接踵而至，我被评为昆山市课程改革先进个人，昆山市优秀共产党员，江苏省师德先进个人。2005年8月，体育系毕业的我还成功地评上了当初我连想都不敢想的中学语文高级教师，三年的艰难困苦在我的苦苦坚守中终于幻化成了一片耀眼的彩霞。

同时我也遭到了很多人的质疑：如果宋小迪不是中考状元，这个班主任将会怎么样？说实话，我给不出答案，因为我在为宋小迪做这一切的时候，我根本就不可能预知他将来"中状元"的结局，所以我当然也不可能首先预设这样一个未来，然后把它作为我努力的目标。那三年，我只是不断地提醒自己，那是一个孩子，那只是一个孩子，他需要的只是我秉着一个教育者的良知，给予他应有的关注和扶持。未来的不可预知让当时的我承受了常人难以想象的压力，但是也因为我的付出在前，小迪的出色中考成绩在后，所以我可以坦然地面对随后蜂拥而至的质疑。在此过程中，有一点，我始终很清楚，那就是不管宋小迪怎么样，我永远是我，不会因外在的虚浮而改变生命的成长方向。

但是在这种荣誉和质疑相伴而生的漩涡中，我依旧仿佛在一夜之间被旋风卷入了空中，不知飘落何处，我感觉自己失重了。尚保留着一份清醒的我深知如果不能脱离这个漩涡，那么很快将失去自我，也许将再也找不到脚踩大地的踏实感。我不喜欢这种悬空的漂浮感，我想离开。

深呼吸

2006 年 8 月，在风口浪尖上的我从玉峰消失了，来到了苏州工业园区星港学校。每一次工作的变动，都意味着又将和一个更加优秀的群体相遇。

我开始承担七年级两个班的语文教学，担任一个班的班主任，兼七年级语文备课组组长。相对来说，我管理班级还有点经验，而团队建设对我而言则是一个全新的挑战。我领头的这个备课组，还有四位成员——电脑高手张鹰驰老师，勤恳好学的孙志平老师，活泼高效的郭萍老师，还有外表朴实粗犷，却极其迷恋红楼的高桂萍老师。我很庆幸我遇到了四位和我心性相投的伙伴，大家真心喜欢学生，并且都是真诚直率、谦虚好学、渴望成长的人，他们让在外漂泊的我孤独已久的心一下子有了共鸣和归宿。

一年之后，我做了年级组组长，郭萍老师接替我担任备课组组长，我们组的教研氛围也越来越浓郁，这样的延续确保了我们年级的语文学科没有了"差生"。在我的倡议下，我们自发每周写不少于 1000 字的教育随笔，定期上交。我们还邀请了年级组内一些年轻的班主任一起写，大家都毫无怨言，自觉自愿地按时完成，我的心里充满了感动和温暖。三年的时间，我们为提高学生的学科成绩群策群力，加班加点；为提升团队的综合实力互相温暖，并肩前行。2009 年中考，我们这届学生的语文成绩创造了建校史上的最高纪录。这样的成绩的取得，也让我越来越坚信：个人只有依赖于团队，才能走得坚实，走得持久。

在这期间，作为年级组长，我参加了学校的一次中层竞聘活动，竞聘德育处副主任岗位，结果我落选了。那在我看来是人生中最黑暗的一段日子，我感到我之前的所有光环都成了一种讽刺，周围每一个人都在嘲笑或同情着我，我自己也在粉碎着脆弱的信心。后悔参加这次活动，自责没有好好准备，怀疑自己的实际能力……我一下子陷入无底的深渊之中，自感欲哭无泪、颜面全无。

难道我就不能落选吗？难道我就这样消沉下去了吗？难道我就这样被挫折

打倒了吗？我的人生追求到底是什么？还有没有更值得我去做的事情？我开始反省追问着自己。

为了进一步提升自己，或许也是为了自我救赎，我自费参加了上海德瑞姆心理咨询师培训并学完了全部课程。尽管后来因种种原因放弃了考证，但我已经非常清晰地听到了自己的生命生长拔节的声音，释然的我从来没有像当时那样确定自己在成长。那些曾经的委屈和抱怨都烟消云散，相反，充盈我内心的是对所有给予我鼓励和鞭策的人们的感激。

2010年8月，上海浦东教育发展研究院的王丽琴老师，应邀来星港作报告。苏州工业园区湖东月光码头，星巴克，两杯红茶，我俩聊了一个傍晚。

我们聊各自目前的生活和工作状态，由家庭、孩子聊到学校、学生。更多的情况下，她都是在倾听我的诉说。我和她聊我的团队成员，聊我们走过的不平凡的四年光阴以及我们创造的成绩。同时我也告诉她我的迷茫和困惑，我不知道这样做的结果会怎样，以后还能怎样行走或者应该如何行走。

她以一贯的欣赏鼓励着我，她希望我们以前的团队所做的事情能够继续做下去，并且能够有成果面世，成果的内容应该在我们原来的基础上有所拓宽和深入，暂定以"双问"（问题少年和问题家教）话题为研究方向，以教师如何矫正问题少年以及如何引导家长矫正家教方式为抓手切入。过程中如果有需要她帮助的地方，她一定会尽力为我们服务。

在王丽琴老师的指点和参与下，2010年9月，经过一轮教学后被分到不同年级的原备课组的核心力量，在我的召集下，再一次以团队的名义走到了一起，我们还邀请了小学老师和外县区的老师参加。有了王丽琴老师的帮助，我对这一次的团队建设有了明确的方向：聚焦课题，搭建成长平台。

为了有一个便于交流的空间，我们很快建立了一个QQ群。在王丽琴老师的参与指导下，我们研究的课题开始慢慢聚焦，初步确定为"中小学生'青春期症候群'与家庭教育干预研究"。团队的每个成员，每个星期以教育随笔的方式记录自己在教育现场中的各种体会，每个月再以案例形式还原一个相对集中的教育现场，并进行个人反思。一学期下来，我们就积累了十几万字的研究素材。为了提高团队的凝聚力，我希望我们这个团队能有一个属于自己的标志。一个偶然的机会，听说苏州智童科技公司的老总徐巍先生愿意帮助我们。记得那是一个炎热的中午，我抑制不住内心的喜悦，顶着火辣辣的太阳，辗转几站公交车去独墅湖会见徐先生。我们交流得非常愉悦，徐总很为我们感动，立即安排公司设计部门负责人把我的想法记录下来，并要求尽快出初稿再和我们商定。快乐充满了我的心房，我觉得自己在做一件很伟大的事情，我从未如此明确自己行走的方式和努力的方向。我希望通过我的努力，有更多的人的生命意义会和我一样得到提升。虽然我还不知道这条路到底能走多远，但开局如此顺畅，我已浑然忘却了未来还有更多无法预测的困境。

首先困扰我们的是标志的名称，也就是团队的名称。为此，在QQ群里我们展开了热烈的讨论，最终确定为"青葵园"。青，象征清纯、青涩、青春；葵，象征向师、向日、向善。讨论的过程也是一次价值观认同的过程：我们都是渴望成长的青葵，青葵园就是一个见证学生成长、家长成长、教师成长的园子。

就在我们红红火火、自得其乐地对这个课题展开研究一年之后，我收到了中国轻工业出版社吴红编辑的来信，希望我编写一本主题为"遭遇学困生——学困生的教育与转化技巧"的书。说实话，收到这样的信是令人惊喜的，但转念一想，我又顿感压力巨大：我从来没有当过主编，我的团队关注的课题与"学困生"这个更为专业的领域有着一定的距离，我们能承担起这份责任吗？我犹豫着，担心写不好，又不舍得放弃这个机会。于是，我们在群里进行了讨论，结果大家一致认为，要珍惜机会，接受挑战。

我们在原有的研究成果之上，进行了重新整合，梳理出与"学困生的教育与转化"相关的提纲脉络：如何界定学困生？如何诊断学困生？学困生是如何形成的？学困生转化有哪些具体操作方法？围绕这四个方面，我们一边不断在教育实践中研究，一边归纳总结提炼。有了这样的思考，我们在平时治班中，更加细心地去关注学生的点滴，更加倾心地去走进学生的心灵。从前也许不会去关注的学生的一言一行，而今却成为老师了解学生的窗口，从前也许不经意间就被忽略的班级的某种极细微的现象，而今却成为透视班级整体精神风貌的一个亮点。思考的深入迫使我们更加细致地关注学生，更加用心地经营班集体。

为了弥补我们的"注重行动执行，恐惧理论深入"的缺漏，王丽琴老师还邀请了华东师范大学的鞠玉翠教授和上海浦东教育发展研究院的黄建初老师带领他的名师工作室专家成员一起指导青葵园的教育实践，并对书稿形成过程中涉及的理论元素进行了把关。他们很为青葵园的真诚和热情而感动：虽然我们都已不再年轻，但我们都怀揣着教育梦想，洋溢着教育激情，乐此不疲地奋战在教育第一线，并在执著地书写着自己行走的足迹。

这些专家团队的参与指导，在拓宽团队成员的视野的同时，也提升了整个团队的理论研究水平。让我们在感到温暖、鼓舞的同时，又得到了专业的点拨、引领的促动。这样的合作也实现了我多年的心愿：让一线老师团队和理论研究团队零距离对话，让普通老师和名家名师零距离合作。这种对话与合作，就像是架起了一座桥，让理论与实践都焕发生机，都灵动起来。

2012年1月，我们青葵园的第一本合作成果——《遭遇学困生——学困生的教育与转化技巧》正式出版了。它承载了我们努力实践多年的心血，为我们总结实践成果提供了平台，也为我们提供了一种崭新的思考方式，撰书的过程不仅促使我们的思考更加深入，而且让我们的行动更加科学，更加智慧。面对学生时，我们不再仅仅是个人，合作的过程让我们从同伴那里充实了更多的方法和技巧；面对同行时，我们不再仅仅是彼此，成书的艰难让我们更加懂得超越自己的教学现场，寻找生命成长的悸动；面对自己时，我们不再仅仅是老师，成果的诞生让我们感受了更多来自生活而又高于生活的精彩。

与此同时，我们申报的省级课题"中小学生'青春期症候群'与家庭教育干预研究"也顺利通过了立项审批。"青葵"们受到莫大的鼓舞,而我自己也被评为园区先进工作者、园区优秀共产党员。当成绩再一次被认可的时候,回望来路,曾经经历过的苦痛和艰辛都变成我生命中的漫天霞光。

　　深深呼吸一口气,重新调整自己,面对荣誉不沉迷,面对挫折不跌落。青葵园团队的行走足迹让我越来越明确自己的成长方向,变得越来越淡定、越来越从容。杜威说:"因为生长是生活的特征,所以教育就是不断生长;在它自身以外,没有别的目的。"从教20多年以来,我切身感受到大师的智慧和哲理。我经常审视自己走过的路,反省真正的专业化成长,应该是心灵的成长、生命的成长,其他一切附属的东西都是不知不觉地被照顾到的。

俞玉萍

海门东洲国际学校教师,中学语文特级教师,全国优秀教师,全国五一巾帼标兵,全国新教育实验"完美教室"缔造者,引领着孩子们一步步走上经典阅读的道路,引领着孩子们一步步过上幸福完整的人的生活;从孩子的现实出发,从孩子的心灵出发,唤醒孩子们向上向善的初心,让孩子们在每一天悦纳更美的自己、更强大的自己中成就一生的幸福。

只为遇见更美的生命

阅读：只为生命的丰盈

1. 补上"吃糖"一课

这天早晨，玫洁带来了她妈妈从海南岛带回的椰子糖，自从上次她妈妈去澳洲带巧克力给全班分享之后，这是她妈妈第二次带礼物给全班了，好像0924的每一个人都成了她的孩子。我们真的很喜欢这样的感觉，像一家人一样分享甜蜜的感觉。怎样让玫洁妈妈带来的礼物更有意思呢？

课间，我让孩子们把书翻到第14—15页。

眼保健操开始，我趁着他们闭着眼睛的时候发糖——把糖放在他们翻开的书页上。

眼保健操结束，我故作神秘地说：下面，请大家左手拿糖，右手剥纸，然后，慢慢咀嚼，那是玫洁妈妈从海南岛带回的心意，一定要慢慢品尝哦。

我问：感觉如何？

有说甜的，有说有嚼头的。我继续问：为什么老师要让你们把书翻到第

14—15页，并且把糖放在书页中呢？

有人说：老师让我们知道书是甜的。有人恍然大悟：哦，书是有嚼头的。

看他们猜得差不多了，我提示他们：你们今年多大啦？

他们终于明白，原来书的页码表示的是他们的年龄。

我说：我给你们补习一课，犹太民族在婴儿一出生就做的事——把蜜滴在书页上让婴儿舔，我们现在做更好，因为你们已经真正懂得文字是最有味道的。

他们微笑着品味着糖的味道。

这件事很随意，但很有意思，我并未奢望通过这么一件小事就让孩子们热衷于读书，我只是想让他们产生一种感觉，一种联想，一种意念：书籍是甜的，读书是一件甜蜜的事。

2.晨读，在清风中

每天清晨，在花坛边端坐着读书或看书的，一定是百合班的孩子。每天清晨，每个孩子从宿舍或是家里出来，很自然地走到花坛边，落座，拿起书，捧读。

周围，是刚开校门时有点嘈杂的脚步声、说话声，还有偶尔的呼唤声和马路上的喇叭声。但是，孩子们凝在字里行间的双眸却是每个早晨最美丽的风景。

一开始并不是这样的。

一开始在花坛边晨读的时候，有人只要一看见周围的人出出进进就会情不自禁地行注目礼，一听见鸟儿婉转的鸣叫声就会情不自禁地侧耳倾听，有时，甚至还学百草园里的儿童时代的鲁迅，悄悄地观察几只蚂蚁的爬行……

我没有批评，也没有呵斥。

只是，有一天班会课，我把所有早读时拍摄的镜头在教室的屏幕上播放了一遍。那次的话题是"最美的姿势"。

从此，那些明显的小动作在花坛边几乎消失殆尽。

孩子们的眼睛由关注四周回到了关注读本。

一段时间之后,出现了新的状况。

少数人盯着读本,但只是发呆,并没有读进去什么。这种情况教室里应该也有。

我在他们不注意的时候,拍摄了很多特写——关于眼神的。

我请孩子们把早读时的眼神分类。他们很敏锐,居然分出了闪闪发光的"睿智型",心不在焉的"懵懂型",胡思乱想的"呆滞型"。我请孩子们选出"最美的眼神",那些被拍摄到"懵懂型"与"呆滞型"眼神的孩子情不自禁地低下了头。之后,他们以无比渴望的眼神看着那些"睿智型"的孩子,虔诚地恳请他们指点迷津。"睿智型"的孩子坦诚相告:自己设定了早读时的目标与任务,心无旁骛地享受文字。

从此,百合班无所事事的早读现象绝迹。

在清风中读书,空气为大脑输送了最清新的激活养料。我从此开始了在清风中的自由阅读,和孩子们一样。

如果整个学校、整个民族都能在清风中心无旁骛地读书的话,那整个民族该是何等的智慧与高雅。

3. 餐厅里的读书剪影

每个早晨,每个中午,每个傍晚,在排队等候用餐的队伍中,你总能见到两列手捧美文的孩子。周围是嬉笑声、脚步声还有饭菜的热气与香味,在热气氤氲的餐厅,这两列孩子站成了文化的风景线。

读书是心绪烦乱时最好的宁静剂。

面对餐厅里初一新生的杂乱与急躁,我请孩子们做了一回观察员,任务是观察餐厅里所有排队者的表现,揣摩他们的心理。

回到教室后,孩子们开始发布消息。

有的说:"队伍中最多的表现是踮起脚尖数数,有一个孩子连续数了三次,他在计算着他前面的人数,好算出什么时候才轮到自己。而且他的眉头始终紧锁，眼神焦灼。"

有人揣度："整个过程他既忍受着饥肠辘辘的痛苦，又忍受着欲得饭而不得的窘状。"

有的说："还有互相寻开心的，但是眉目间却写满了因为无聊而没话找话的应付。"

有人推测："这是一种无聊空虚却不得不忍受的心理。"

有的说："有人在规规矩矩地排队，但是，以吃饭作为目标的排队显得比较无趣无味。"

有人总结："看来，没事可干的样子不好看不说，还真的是一种心理折磨。"

我接上："我们有什么办法改变呢？"

孩子们提议：我们带着书去看，这样既不会在队伍中喧哗或左顾右盼，更不会心急如焚或无所事事了。

从此，放学铃声响起时，值日班长总会提醒一声："请大家带上一本书排队。"孩子们成了餐厅里最美的一道风景线。

4. 哈佛故事新编

看过关于哈佛的很多故事，但是，只有下面的这个故事最适合推荐给我们的孩子。

哈佛没有高楼大厦，只有新英格兰的红砖墙。即使诺贝尔奖获得者也不过在校园有一个不起眼的停车位。毕竟哈佛最起眼的是 100 座图书馆，尤其是一个个像图书馆那样的人，或者说，一个人就是一座图书馆。哈佛或哈佛人是不需要任何包装的。

某教授对学生说，你学我这门课，你就一天只能睡两个小时。学生想，那么如果我学四门课，我就没有睡眠时间了，还得倒贴睡眠时间。

哈佛的博士生，可能每三天要啃下一本大书，每本几百页，还要交上阅读报告。哈佛过桥便是波士顿，前人类学系主任张光直在哈佛读博士那几年，没有上过桥，没有去过波士顿。

哈佛学生或是哈佛教授，首先不是一份荣誉，而是一种证明。

人到底可以有怎样的意志力，人到底有怎样的发挥潜力？

哈佛告诉你。

哈佛是一种象征——最高智慧的象征，最高学府的象征。

人的意志，人的才情，人的理想，为什么在哈佛能兑现？

哈佛告诉你。

哈佛的学生餐厅，很难听到说话的声音，每个学生端着比萨可乐坐下后，往往边吃边看书或是做笔记。我就没见过哪个学生光吃不读的，更没见过哪个学生边吃边闲聊的。感觉上，哈佛餐厅不过是一个可以吃东西的图书馆，是哈佛100个正宗图书馆之外的另类图书馆。

哈佛的医院，同样的宁静，同样不管有多少候诊的人也无一人说话，无一人不在阅读或记录。医院实在也只是图书馆的延伸。

于是，哈佛产生的诺贝尔奖得主有33位。哈佛产生的美国总统有7位。

哈佛校园里，不见华服，不见化妆，更不见晃里晃荡，只有匆匆的脚步，坚实地写下人生的篇章。

哈佛不是神话，哈佛只是一个证明，人的意志、精神、怀抱、理想的证明。

英国媒体报道，《2009年世界大学排行榜》10月8日产生，哈佛大学连续6年蝉联排名榜榜首。

我读完这个故事，全班肃然，静悄悄的教室只能听到秒针的声音。

我打破了宁静，我说："老师一向反对你们背诵名言警句，一向反对你们摘抄或背诵任何优美的段落，因为老师以为机械的背诵对你们思维的发展与知识的运用其实没有丝毫的用处。但是，今天，老师想恳请你们选择这个故事中的句子或段落背诵。下面请大家选择。"

学生说:"我选择'哈佛最起眼的是 100 座图书馆,尤其是一个个像图书馆那样的人,或者说,一个人就是一座图书馆。哈佛或哈佛人是不需要任何包装的'。我很羡慕哈佛人的自信与坦荡,而这份王者一样的自信的底气来自他的实力——每个人就是一座图书馆。读了这个故事,才觉得拥有什么外在的东西都不重要,世上最珍贵的财富其实是你的大脑。一个像图书馆一样的大脑才是你自信地生活在世界上的唯一通行证。"

学生说:"我选择'感觉上,哈佛餐厅不过是一个可以吃东西的图书馆,是哈佛 100 个正宗图书馆之外的另类图书馆'。我觉得哈佛的餐厅是世界上最美的餐厅,它完全驱除了人类的俗性,没有人会在意自己吃了什么,吃的东西味道如何,在这里,你看到的都是精神意义上的人,这样的人给人的感觉是高雅睿智的,眼睛永远光芒四射,因为他们的眼光早已穿越了一己的得失,始终思索着宇宙人类的命运。"

学生说:"我选择'医院实在也只是图书馆的延伸'。哈佛人早已穿越疾病困境甚至是死亡的威胁,当一个人能始终生活在他所研究的领域里的时候,他是多么的平静从容以及高贵。"

我说:"说得真深刻。当一个人立志要当一座图书馆,立志为人类留下丰厚的财富的时候,当一个人全身心地沉浸在自己想要探索想要研究的课题中的时候,他早已超越了自己的衣食住行,超越了普通人时时关注的生存条件,他生活在'无我'的大世界里,因为对这个大世界,他兴味盎然,因为关注的只有大世界,他显得更高贵更脱俗。一个达到这种境界的人才是真正幸福的人。

"老师推荐给大家这篇文章,最大的愿望是希望我们把生活的最高目标定为:让自己成为一座图书馆,从而赢得超越功利、超越生存的大幸福。"

这是一次心灵的对话,是孩子与哈佛人,孩子与孩子,孩子与老师的对话,这是就读书的意义进行探讨的对话,更是对每个人进行的一次精神的洗礼。

孩子当教授

这一天，是孩子第一次当教授。

担任教授的是雨阳。她早早地坐在电脑旁。两个班级的孩子相继有序入场。大教室里坐满了93个孩子和我这个站在南墙边的老师。

孩子们让我关灯。

关灯后，所有的亮点就只剩下电视屏幕上的了。

雨阳教授制作了幻灯片。当彩色的字从屏幕上一个接一个地蹦出来的时候，下面的93双眼睛齐齐地盯住了屏幕，好奇、惊羡、渴望的眼神交织成了一幅最美的图画。

清晰的讲解声传来："今天，我要作的讲座关涉预习、课堂、复习……"

"课堂上要抬头，挺胸，保持饱满的精神状态。"像听到了指令一般，底下的孩子们"刷"地挺直了腰板，如同雨后的春笋，个个精神饱满。

灯重新打开。雨阳从电脑桌旁站了起来，走到了讲坛前。她拿起粉笔，在黑板上画了一本笔记本。听讲者的视线马上由电视屏幕转到了黑板上，眼神明亮如月光。

雨阳演示并讲解。底下提出疑问。双方讨论，最后，拿出一个更合理的记笔记的方法。

一堂由孩子导读，由孩子完善，最终使孩子得益的讲座到此结束，效果出奇的好。

作讲座的孩子思路清晰，声音响亮，节奏适当，幽默与智慧并存，现代与传统手段结合得天衣无缝。倾听的孩子或吸收，或提问，或微笑，或回答，表现出对讲解者的欣赏，对科学方法的热爱，对真理的坚守。94个孩子共同构成的美丽画面一直深深地保留在我心灵的最深处，成为我最珍贵的财富。

我即兴采访了雨阳同学："请问雨阳教授，为了将一本关于学习方法的书看完并理解制作成幻灯片，你准备了多长时间？"

雨阳微笑着说："双休日，我自己读了两遍，选择了与我们息息相关的学习方法，然后用自己的语言表达出来，制作成幻灯片，昨天大概弄到一点多。"

我继续采访："你不觉得累吗？"

雨阳笑了："也许有点累，但是，今天给同学们讲解，看到同学们有收获，听得那么认真，感觉真好。而且我发现，讲解之后，好的学习方法好像从我自己心里长出来似的，虽然作者不是我。"

我笑着说："你既收获了同学的尊重，又收获了学习方法，双赢呀。"

我继续采访其他同学："觉得这样的讲座怎么样，想不想试一试？"

孩子们纷纷表示：通过倾听，发现了自己过去学习方法上的不足，真好。希望自己也能找到对大家都有帮助的书，然后介绍给同学们。

从此，我们班开始拥有了"百家讲坛"，每天中午，大家相约教室，教授，当然不外请，而是每个同学轮流担任。

定制书单

选书的班会课以我的独白开始：

"人生有限，书海浩瀚。如何在有限的三年时间里，为自己补充足够的营养呢？老师有一个观点：适合的就是最好的，需要的就是适合的。我们究竟需要什么样的书呢？先从我们遇到的人生困惑谈起。"

有孩子说："有时候觉得很迷惘，尤其是自己努力之后依然没有收获的时候，这时候觉得特别泄气，怨天尤人，觉得努力不努力也没多大区别，干脆省点力得了。"

"说的是实情，活着活着，有时觉得有点烦，有点累，有点想放弃，有种突然之间找不着方向的感觉。当真正放弃放纵之后呢，又空虚，又后悔，又不知如何追赶。你道出了一种普遍的精神迷惘，而人最重要的就是活出自己的精神。所以，老师想帮你概括一下：人的一生随时需要精神引领，而我们的导师又不可能常伴左右，所以，每个人都要建构自己的精神坐标系，在这个坐标系里，必须有一群闪光的人物，有闪亮的精神。"我问，"什么样的书要常常翻阅呢？"

孩子说："为世界作出大贡献的人写的书，并且，要关注他们经历的挫折以及抗击挫折不动摇的精神，这正是我们所需要的。"

"说得真好，真的是缺什么补充什么。老师想推荐的是《梁衡散文中学生读本》里面的伟人传记，当然，你想让自己与伟人的距离再缩短一点的话，可以看看李开复先生的《世界因你不同》或《俞敏洪传奇》，还可以看看郎朗的成长经历，如果你想更近一点的话，还可以看看《哈佛女孩》之类的书。"我继续补充，"如果这些书不能一下子读完的话，你可以尝试着读读短小的一篇篇的激励性的文字，比如刘墉先生的《肯定自己》《创造自己》《超越自己》，比如《心灵鸡汤》，比如《新东方精神》，等等。"

有孩子继续提出困惑："老师，我很努力很努力了，可是自己的学业成绩总提高不了，怎么办呢？"

"我想推荐世界顶尖教育家之一苏霍姆林斯基谈读书的有关文字，看对大家有没有启示。"我笑着说。然后，屏幕投影：

对一个善于观察的学生来说，也是比较容易培养起对科学书籍的感受性。不经常阅读科学书籍和科普读物，就谈不上对知识的兴趣。如果学生一步也不越出教科书的框框，那就无从说起他对知识有稳定的兴趣。

学生学习越感到困难，他在脑力劳动中遇到的困难越多，他就越需要多阅读：正像敏感度差的照相底片需要较长时间的曝光一样，学习成绩差的学生的头脑也需要科学知识之光给以更鲜明、更长久的照耀。不要靠补课，也不要靠没完没了的"拉一把"，而要靠阅读、阅读、再阅读，——正是这一点在"学习困难的"学生的脑力劳动中起着决定性的作用。

如果一个学生广泛地阅读，那么在课堂上所讲解的任何一个新概念、新现象，就会纳入他从各种书籍里汲取到的知识的体系里去。在这种情况下，课堂上所讲授的科学知识就具有特殊的吸引力：学生感到这些知识是帮助他把"头脑里已有的"东西弄得更加清楚所必不可少的。

对一个善于思考的学生来说，他在脑力劳动上所花费的时间，大约有1/3是用在阅读教科书上，而2/3是用在阅读非必修的书籍上面的，因为，说实在的，思考习惯的形成，在决定性的程度上是取决于非必修的阅读的。

孩子恍然大悟：原来我们需要阅读大量科学方面的书籍，读一读与物理、生物、化学、数学有关的。

我惊喜地说道："原来我们还有那么多书没读过呢，难怪有此路不通的感觉。当然，老师补充一下：与我们相关的学习方法、用脑方法、心理方面的书也是科学类的书，遵循科学的方法去读书可比在黑暗中摸索更容易有成就感哦。"

于是，我们约定，每个人去寻找自己需要的书，并发现极其重要的书籍，与大家一起分享。

如果说人文类的书是我帮孩子们选择的话，那么，科学类的书则是孩子们个性化的选择了。而引导的过程相当重要，因为读什么书甚至比怎么读还要重要，读误比误读产生的后果更严重。所以，选择书籍是一件非常重要的事。

纵使挫折，也要蓬勃生命

1. 走过死亡——还能悲伤就是幸福

今天，杨老师永远地闭上了那双眼睛，那双盈满善意与温情的眼睛。

可我，来不及悲伤。

教室里，还有两个班的孩子——94个深爱着杨老师的孩子。

他们不知道老师患的是绝症，他们根本就没想到自己深爱的老师会永远离开，就像三个月前的我一样。

再也不能瞒了，再也瞒不住了。

我如何才能让孩子们从即将到来的痛苦中走出，从死亡的阴影中走出？

我把94个孩子集中在一起。

窗帘拉上了。

屏幕上是闪烁的烛光，《有没有人告诉你》的旋律响起。

孩子们还在笑。

我在黑板上写上"静静地追思——悼念杨老师"。

慢慢地，教室里响起了啜泣声，声音越来越大。

我抬头望着孩子们，他们一个一个埋头哭着，肩头颤抖。

"还能哭，还能痛，真的也是一种幸福。"躺在地下的老师已听不见，看不见，再也不能感受到喜怒哀乐，再也不能欢呼、跳跃，甚至哭泣。就像一片飘零的落叶，感受不到温暖、阳光，甚至感受不到雨雪风霜的侵袭。

真的，能感受到痛也是一种幸福。因为至少我们还能看到明日的阳光。

2. 走过死亡——美丽幸福每一天

我哽咽着说："孩子们，抬起头来，看着老师。老师知道大家很痛很痛，但是老师不得不告诉大家，这已经是一个不可更改的事实。就像每一个人来到世间，结果都不得不离开一样。"

我拿起了一片飘零的落叶，说："每一片叶子终将会回到大地，没有任何一片叶子能够永远在树上停留。就像每一个人都无法永恒地活着一样。不管感情上如何不情愿，我们都得面对现实，因为这是一种自然规律。"

"叶子从树上飘落的时候，它已经失去了知觉，接着，它会褪尽它的颜色。"我又拿起一片完全枯萎的叶子，揉碎了它，"所有没有知觉的叶子最终会化作灰，化作尘。然后，树上会有新的绿叶萌发，生命就是这样。

"也许，你会说：既然每片叶子都会死，那活着还有什么意思？树上的叶子慢慢地滋生，渐渐饱满，渐渐葱绿，渐渐丰厚，成为一片赏心悦目的风景。叶子是那么美丽。树上的叶子听过鸟儿清脆的鸣叫，感受过阳光的温暖，风儿的妩媚，抗争过肆虐的暴雨，由萌发到葱茏，一生看到过动人的景象，有过或甜蜜或痛苦的回忆，你说，活过与没有活过有没有区别？"

我在黑板上画了两个空空的圈圈，中间是一条线段。

"表面上看，降生时的我们是零，死亡时的我们也是零，但这真的毫无意义吗？一场0∶0的足球赛，其过程的激烈、精彩，不就是足球赛的最大意义吗？

"杨老师一直跟我说，跟你们在一起，真的很开心。我们平时所看到的杨老师，一直带着阳光一样的笑脸。杨老师留给我们的，永远是微笑、慈爱、美丽。

"杨老师刚从上海回家的第二天，我去看望她，临走时用力握了一下她的手，我想要告诉她的是：加油！杨老师！杨老师握我的手时也很用力，虽然没有说话，但我知道，她是想告诉我：我会努力。

"大年初一，我去医院看望杨老师，给杨老师带了一个系着'福'字的猪形枕头，还有一盆绿色植物。那时，杨老师说话的声音已经低弱了很多，但她还是微笑着，我紧握她手的时候，她也紧紧握住了我的手，似乎比上一次还有力。杨老师每一天都在微笑，即使是饱受病痛折磨，即使是在生命的最后一天，杨老师都与微笑相伴，与美丽相伴。

"谁都无法与死亡抗争，就像谁都无权选择是否诞生一样，但是，生命过程中每一天的行进方式却是由我们自己决定的，我们可以踌躇满志，也可以消极颓唐，可以微笑每一天，也可以沮丧每一秒；可以与人和谐相处，也可以跟人反目成仇；可以有所作为，也可以庸庸碌碌。如果让老师选择，老师一定会像杨老师一样，对待工作兢兢业业，对待他人诚诚恳恳，把自己每一天的事都做好，这样就会拥有了生的美丽，生的幸福。对生命的最大尊重就是美丽地活，快乐地活。杨老师活着的每一天都是那么美丽，如果她还能说话，她一定希望自己能够美丽地离开。"

3. 走过死亡——请让老师美丽地离去

今天，我们要去参加杨老师的葬礼。今天，是我们最后一次看杨老师。

我们穿上了印有百合班班标的班服，藏青色鸡心领的线衫，每人手执一朵美丽的纸花——白菊。我想，只有最虔诚的心灵、最朴素的衣着才配得上杨老师这朵美丽圣洁的白菊。

车厢里，一路静默。

灵堂里，哽咽声声。

杨老师，我们来了，来看您了，来为您送行了。

我们尽量抑制住悲痛，泪光中，哽咽中，我们表达着最虔诚的心声：

会有天使替我们爱您

老师，别怕

因为我们的爱与您同在

别怕，老师

会有天使替我们爱您

因为您的微笑是那么的温暖

所有的寒冷都被您的笑容融化

老师

会有天使替我们爱您

因为您的微笑是那么的快乐

所有的忧伤都被您的笑容化解

老师

会有天使替我们爱您

因为您的微笑是那么的坚强

所有的怯弱都会逃得无影无踪

老师

会有天使替我们爱您

因为您是那么的美丽

我想用我手中的笔

画您的手

画您的脸

画您的唇

画您的眼睛

可我画不出

您手上温暖的色彩

您脸上柔和的曲线

你那亲切的话语

还有，您那给人力量的眼睛

我想

您是上帝派来的天使

做了一回我们的老师

现在

上帝想念您

他最美丽的女儿

于是，把您带回去

从明天起，我就要过没有您的生活

但我会照样认真听讲，因为我要像您一样尽责

从明天起，我就要过没有您的生活

但我会更加幸福地成长，因为我要像您一样快乐

从明天起，我就要过没有您的生活

但我会更加热爱生命，因为您的精神永远引领着我们

今天

在白菊绽放的时候

为您点上一百支蜡烛

送上我们最真挚的祝福：

亲爱的老师

别怕，会有天使替我们爱您

亲爱的老师

别担心，我们会像您一样

用天使的心来面对世界

别怕

亲爱的老师

带着我们用爱编织的花朵

一路走好

我们一一向杨老师鞠躬，并将白色的纸花放置在松柏丛中。

我们静静地离开了杨老师，车子缓缓地开动，写有《会有天使替我们爱您》的白色纸片从窗口飘出，在风中飘动，就像一只只纯白的蝴蝶。

杨老师，就让我们的爱，就让白色的菊花、白色的蝴蝶伴您上路吧，您真的是上帝恩赐给我们的最美丽的天使，您的美丽永远珍藏在我们的心里。

4. 走过死亡——那凋零的是花，不是春天

告别杨老师的第二天，语文课上，我在黑板上抄写了《那凋零的是花》。

那凋零的是花

你的生命正值春光

为什么　我却看到了霜叶的容颜

只因为那一面美丽的镜子

打碎了

你的眷恋深深

在梦幻旁　久久盘桓

既然伸出双手

也捧不起水中的月亮

那么就让昨天成为回忆

也成为纪念

人生并非只有一处

缤纷烂漫

那凋零的是花

——不是春天

我问，作者是为谁写的这首诗？你们说，是为悲伤的人，是为打碎了美丽镜子的人，是为正值春光却已经失去青春活力的人。你们说，是为你们，是为失去了杨老师的你们。

我想起了昨天回来后的你们，不动，不说话。在你们一向喜欢的音乐课与心理健康课上，你们一直默默的。我知道你们很累，依然牵挂着杨老师，依然想着杨老师的一切，所以我让你们小睡片刻，希望你们睡完之后就会缓过来。

我问：那个失去青春活力的人会不会重新露出微笑？

你们说：应该会的，因为既然伸出双手也捧不起水中的月亮，那么就真的不必再为失去而耿耿于怀。因为人生并非只有一处缤纷烂漫，凋零的是其中的一朵花，而春天依然存在。

我说：杨老师去了，人间少了一朵美丽的白菊花，就让我们默默地把这朵花珍藏在心底，永远永远。但是，我真的不希望大家因为一朵花的凋零，就无法再去欣赏其他的花朵，甚至厌恶其他的花朵。我们真的不应该因为自己的悲伤而去剥夺其他花儿开放的权利；我们更不应该忽视甚至轻视周围许多同样爱我们和我们爱的人。我真的不希望大家从此就失去微笑，失去人生该有的幸福。

我说，我还想知道，凋零的花去了哪儿？

你们说，化作春泥更护花。

我说，又分解成了分子，也许，又长成了一朵花；也许，长成了一片叶；也许，幻化成了池塘里的蝌蚪；也许，就是那只美丽的蝴蝶。生命，就是这样循环着，生生不息。

我说，我想起了"花和人都会遇到各种各样的不幸，但是，生命的长河是无止境的"。你们情不自禁地跟着我一起念起来，一遍，两遍，三遍。

我说，生活还要继续，生活还应当快乐地继续。

我说，我期待明天的你们更加珍惜身边所有的人，我期待明天的你们更加珍爱自己，我期待明天的你们更加珍爱身边的每一个生命。不管是人，还是其他。

你们点头。

5. 走过死亡　走向新生

在杨老师离开三个月后，我把我们曾经的痛苦经历以文字的形式在屏幕上再现，我想了解三个月后的你们对死亡的理性解读，可是，我没能读下去，因为我无法忍住自己的眼泪，我终于明白，有些伤痛是一辈子都无法忘记的，就像杨老师给我的美好回忆是一辈子都无法抹掉的一样。

你们在底下抹眼泪。

我说，我明白大家的思念，也明白杨老师的离去给大家带来的永远的痛。但是，我依旧希望大家理性地思考那不愿回顾的过去，请你们把自己对生命的思考写下来。

你们读着屏幕上的文字，一边哽咽一边写着，依然是洁白的纸，依然是最工整的字，也许，你们以为只有这样，才能表达对杨老师的爱吧。

我看着雨阳红红的眼睛，我听着祈望压抑的哽咽声，我看着圣欢湿湿的纸巾，我看着张照庄重的表情，我看着纯逸一笔一画地书写……

我很心疼。我是不是太残忍了？

还是让该流的泪都流完吧，为了以后更漫长的人生，为了更加珍爱一切，就让我们再经历一次灵魂的洗礼吧，我希望，有那么一天，你们将不再畏惧死亡。

你们庄重地写下自己对人生的感悟。

"如果真的要我面对死亡，我的要求是再看世界一眼；如果真的要我选择离开，我的选择是歌唱着离去；如果真的要我道出死因，那是因为我的内心很满足。当最美的花凋零的时候，绿叶会依旧坚强，因为它心中的期待是种子；当最激烈的瀑布断流的时候，下游的湖泊依然坚强，因为它正在浸润着一方水土。日历是每天必须撕的，但你会任它随意地飘零吗？不，我们要把它编作我们心中乐谱的一部分，让它被久久吟唱。"

这是梓豪的心声，如果有一天，他不得不谢幕，他留给世界的一定是一首欢快的歌，只因为他用一生的时间编织的曲子实在是太完美了。

还有一心想要用自己的作品去引导人们过上良好精神生活的之琦的感悟："死亡是无法回避的，任何人都不可以。但一个人在世上创造的美的记忆是不会消逝的。所以唯有在人生中创造价值，离开世界时才能像杨老师那样美丽。"

"为什么有些东西失去了才会珍惜？人生只有在悔恨中度过吗？明明是的，却说不。明明想做，却不敢。我们能做什么，才能让心去贴紧这个有点冷又有些暖的世界呢？我想，用天使的心面对世界就可以了。"

这是当初那个最痛苦，几夜睡不着的金洲写的，他终于明白沉湎于痛苦之中并不是对老师最好的祭奠，只有用老师的精神去生活才是对老师最大的热爱。

还有对杨老师感情特别深的圣欢的心声："活着，就是一生中最大的幸福。即使我是一片从枝头凋零的落叶，也要笑看枝头繁花似锦——就如杨老师。我会尽量让每一天都充实、富有生命的价值，这样如果有一天飞来横祸，我便能微笑着向这令我始终眷恋的美丽世界告别。让我们用心珍爱生命中遇到的一花、一草、一树、一人和自己。"

还有张照，那时非常痛心非常痛苦的张照，终于明白：

"我们还在世上，我们可以悲伤，可以怀念，可以流泪，可以担忧，这本身就是一种幸福。学会坚强也许比缅怀更好。离开如果是注定的，那么美丽地离开就是为自己一生所作的最好的结局。如果我也会有那么一天，我希望像杨老师那样美丽地转身，留给世界一个灿烂的背影。希望人们都不会哭。因为笑声是我听过的最美丽的声音。"

一张一张，我用心阅读着，一次一次，泪水盈满眼眶。是的，没有人愿意受伤，但也没有人能避开伤害。原谅我逼你们直面现实，也许有一天，你们会发现，真正使你们成长的，还是那些伤痕累累的岁月。就让伤害伴随我们成长吧，就让雨阳的诗作为我们成长的见证吧。

当时间诞生
便有了死亡的永恒
而生活一如既往地向前

花绽放时
有美丽的色彩
花凋零时
也会留下一道泥香
也许逝去的鲜活生命

它的印象已渐渐模糊

　　但只要留有爱与温暖　还有微笑的力量

　　生命便因它的美丽而永远鲜活如初

　　当又一个清晨来临

　　擦干眼泪　告诉自己

　　因为我们活着　所以要坚强地微笑

　　因为生命有限　所以要善待今天

　　因为时间永恒　所以要美丽一生一世

如果我们每个人都能感悟到美丽的精神生命是永恒的，如果我们每个人都有对生命要美丽一生一世的承诺，那么，我们的生命一定有如朝花般绚烂。

下课的钟声敲响了，我想说的是：我衷心希望从现在开始的每一天，你们都能比以往更珍惜自己，珍爱一切。

写下此文两天后，大课间时，远远地，我看见了你们围着年轻的数学老师温莹跳着舞，我忍不住跑过去，站在你们中间，阳光投射在我们身上，极其灿烂，像我们的笑脸，像我们的笑声。

6. 写在后面

晴天霹雳！

根本就不敢也不愿想身体微有不适的杨老师患的是绝症。

当医生亲口把消息通过电话告知我的时候，我的大脑一片空白，我只记得自己对医生说了一句：如果需要肝细胞移植，用我的吧。医生的话让我彻底绝望：已经是后期。

那几个晚上，我对着黑暗的房间，无声流泪。那么慈善那么亲切的一个人，像圣母一样的人，老天凭什么要突然剥夺她的生命？难道这个世界就这么耐不得好人？

那几天，我憎恨我看到的一切，尤其是面对他人的谈笑风生。

有时候甚至想：为什么不是坏人，而是杨老师呢？

孩子们是不知情的，像杨老师一样不知情。

他们还在期待他们喜欢的杨老师几天后就能重返教室，我不知道自己的谎言还能维持多久，我不知道孩子们面对实情会作何反应。

那几个晚上，我根本无法入睡：想着杨老师的好，想着杨老师的痛，想着老天的残忍，想着杨老师刚上大学的儿子……

那几个白天，上完课后就想躲起来，躲到没有人看得见的地方，躲到没有人认识我的地方。我想放纵自己：既然生命早晚要完结，甚至都没有预告，那努力活着还有什么意义？不如早早享受，这样也许会减少一点遗憾。

于是，睡不着的晚上，我开始看连续剧，一集接一集地看；一有闲暇，我就开始逛街，疯狂地购物，好像要离开人世的是我，而不是杨老师。

这样一个礼拜的生活，心中没有感到丝毫的痛快，而是始终觉得心像被洗劫一空的荒地，我终于发现，回避除了让心麻木之外，并不能减轻心灵的疼痛，思想的负重。

于是，我开始从哲学中寻找解脱。终于，在读了尼采、叔本华之后，我明白了死亡是谁都无法回避的现实，重要的是使生的过程精彩。而这几天的生活是我想要的吗？我之前的努力工作、读书是为了别人吗？

我终于明白，我必须忠实于自己内心的选择，我必须延续我自己的幸福，而我的幸福就是创造美好的生活，用智慧和心血。死亡是无法将我的幸福夺走的，就像死亡无法阻挡太阳的升起一样。

我又回到了以往的生活，与孩子们在一起，每天很幸福地上课，很幸福地活动，很幸福地读书。我告诉自己：要将老天剥夺的加倍地夺回来，给孩子们，也给自己；这是为我，也是为杨老师。

……

孩子们终究还是要面对这个现实，通过他们的随笔，我发现孩子们除了极大的悲痛外，更有满腔的悲愤——觉得上帝不公，人世难料，努力学习没有任何意义。

我真的已经不敢悲痛，因为我担心死亡的阴影会毁灭一个人的信念、斗志。

我能带他们走出死亡的阴影吗？他们很漠然地对着代替杨老师上课的数学老师，似乎新的数学老师是谋杀杨老师的凶手，带着这种仇恨，他们还有幸福，还能幸福吗？

我只能以自己的真诚，通过换位思考来与他们对话。

我选择了孩子们常见的枯叶，我努力地传递给孩子们这样一个事实：死亡是谁都不可避免的结局，但生命的意义在于经历生的过程，感受生的美丽。

我努力地解读着杨老师的生命：热爱生活，热爱工作，热爱每一天，永远微笑着面对这个世界，即使在遭遇病痛折磨的时候。

我请孩子们设想，如果杨老师地下有知，她希望我们过一种怎样的生活？

我请孩子们设想，当我们与杨老师告别的时候，最痛苦的是我们，还是杨老师的家人？

我们创作的诗歌既是为杨老师送行，又是对她家人的安慰，也是给所有逝去的美丽生命的赞歌。生命不是以死亡为终结的，精神的力量一直都在，杨老师会永远活在我们心中。

于是，孩子们集体创作了《会有天使替我们爱您》。

那几天，我几乎在每个孩子的随笔本上都写下了一句话：死神无法将生命打败，要更幸福地生活。

我很感激孩子们对我的信任，如果不是长期的信任，他们根本就不会把自己的心完全交给我；如果不是长期的信任，他们根本就不可能相信我所说的，我所做的。

我们在面对巨大的精神灾难时能心手相牵、共渡难关，靠的是彼此的坦诚，彼此的勉励，彼此的力量。

愿我们更加珍爱生命中的每一天，珍爱生命中的每一场际遇，珍爱一切。

愿所有的人珍惜每一个或雨或晴、或春或冬的日子，愿所有的生命创造值得收藏的一切。

更愿岁月如歌，生命永恒。

张万祥

享受国务院政府特殊津贴专家,德育特级教师,国家级班主任培训主讲专家;担任班主任达26年,主编出版了《班主任工作创新艺术100招》《致青年班主任》《给年轻班主任的建议》《教师专业成长的途径——30位优秀教师的案例》《班主任专业成长的途径——40位优秀班主任的案例》《专业发展梦之旅——做一个专业的班主任》《幸福教师的60个"不"》及"班主任工作助手丛书"等。开创了网络招收徒弟的先河,被誉为"网星""青年班主任的真诚朋友"。

在教育追求中磨砺人生的幸福

中国的官职设置是一门学问,拿"主任"这个司空见惯的官职来说,学问就很大,有中央级的主任,有省部级的主任,有厅局级的主任,有县处级的主任,有乡科级的主任,还有没有官职含金量的主任——班主任。

几十年的追求让我明白:班主任平凡,但不平庸,在平凡的岗位上也可以干出不平凡的事业。有一本书名为《可以平凡,不能平庸》,其中有两章为《用心做平凡的事 把平凡做成伟大》《从平凡到优秀 从优秀到卓越》。我就是用心做班主任工作中平凡的事,几十年如一日,持之以恒。自夸地说,也实现了"从平凡到优秀,从优秀到卓越"。

"追求使我永远保持青春的活力,促我不断追寻教育的理想。"这是我网页上的主题词。追求是我生命的主旋律。我的事业、我的职业、我的情趣、我的操守决定我把追求当作生活的主旋律。我教书30多年,其间担任班主任26年;从一级教师,到高级教师,而后成为德育特级教师,再后成为享受国务院政府特殊津贴专家,又经选拔成为中国教育学会理事,2003年退休至今始终兢兢业业研究班主任工作,帮助青年班主任专业成长,不但自己笔耕不辍,还带领青年班主任著书立说……此中不竭的动力不是来自金钱,而是来自对教育事业,特别是对班主任工作的孜孜不倦、持之以恒的追求。

勤于事业、甘于清贫使我拥有了追求在班主任工作上不断创新、追求在德育研究领域中不断攀登高峰的思想基础和不竭动力。

走上教育科研的道路

实话实说，在1983年之前，我的事业心是薄弱的，对教育工作，对班主任工作，虽不是三心二意，也绝不是全心全意的。那时觉得自己是六年制大学毕业生，在大学是系主任眼中的业务尖子，是系里重点培养对象，做"孩子王"是屈才，我憧憬的是当作家、记者。那时的我工作也算认真，但不是全身心地投入，只想有机会跳槽到出版界、新闻界。于是，业余时间写诗歌、写散文，有时一个月就有十几篇大大小小的文章在报刊上发表。

后来，我意识到像这样这山望着那山高，身在曹营心在汉，不会有什么好结果，也许还会两边都做不好，竹篮打水一场空。我不能就这样摇摇摆摆、歪歪扭扭地度过一生，还是干什么吆喝什么吧。于是，我开始把所有的精力和时间都用在教育上，甚至连写作也完全以教育为题材了。过去，盼望着自己的文字发表在报刊上，认为那样才能体现自己的人生价值，现在则认为学生成才才是自己最出色的作品。

真正投入到教育工作中之后，我才发现这里是一个广袤无垠的世界，有许多值得探索的处女地，有可以让我发挥聪明才智的舞台。

我珍惜并热爱班主任这个岗位，我感觉一位教育工作者只是或只能教书是远远不够的，还应该担任班主任。唯有做班主任，与学生朝夕相处，息息相关，才能和学生关系亲密，才能有更多的机会真正地、彻底地走进学生的心灵，这样的教育人生才会丰富多彩，才是完整的。我认识到班主任注定一辈子平平凡凡、默默无闻、为他人作嫁衣，但班主任关注的是一个个鲜活的生命，是青少年的心灵，是宇宙万物中最神圣、最神秘、最具活力的生灵。班主任的劳动成就了学生，他"使自卑的心灵自信起来，使懦弱的体魄强壮起来，使狭隘的心胸开阔起来，使迷茫的眼睛明亮起来，他让愚昧走向智慧，让弱小走向强大"……培养青少年求真向善趋美的心灵，引导青少年健康茁壮地成长，这是班主任的责任，更是班主任的幸福。

我认识到教育这项事业关系到民族的振兴，关系到千家万户的幸福。对个人来讲，一个学生仅占教师所教学生的几十分之一，几百分之一，甚至是几千分之一；而对许许多多家庭而言，却是百分之百。我们做的或许只是一个微笑，一句轻语，一次抚摩，而带给学生的很可能就是一生的希望，带给家庭的是温馨与快乐。过去，我认为教书屈才，现在认识到教师托起了中华民族的太阳，托起了千万个家庭的幸福，决定着孩子们的发展，所以多高的学历，多深的学问，多高的造诣，多大的本事，多渊博的知识，多广泛的爱好，多出众的特长……在教育舞台上都有用武之地，都可以充分施展，都不屈才。我决心避免色泽黯淡、平淡平庸的人生，想轰轰烈烈地干一番事业，在事业中展示才华，在追求中创造辉煌。

我带的班级获得了"天津市优秀班集体"的称号，因为社会实践活动成绩突出，受到了团中央的表彰。我没有满足于一般的管理，我的追求是做德育专家，于是我开始了持之以恒的德育研究。我开始记班主任工作笔记、教育个案，摘抄教育理论，撰写德育论文，从此竟一发而不可收。十几年间积累了70多本，摞起来竟然有两米高。我抚摸着这心血的结晶，回顾艰难跋涉的历程，从心底涌出了幸福感。我觉得自己似乎成了巨人，举臂即可摸到白云蓝天。

为了提高自己的德育理论水平，我每年都要订阅十来份教育报刊，购买上千元的书籍，我家还因此被评为"津门百家优秀藏书家庭"。业余时间，我撰写德育文章，走上了艰苦枯燥的著书立说的征程。退休前，我在全国各地教育报刊上发表教育文章120余篇，并与人合作出版了16本书。我的第一篇德育论文发表在《天津教育》1988年第4期上，题目是《班主任工作要有针对性》，仅仅占了一个页面。那年我已经45岁。而今许多青年教师朋友们二三十岁就发表了几十篇文章，真是"昔非今比"。

在班主任工作与班主任工作研究中，我花了多少心血，下了多大苦功，我那多少年来每个周六彻夜不熄的台灯可以为我作证，一摞班主任工作笔记可以为我作证，一堆秃笔尖可以为我作证——我的字写得不好，而用蘸水笔尖就得心应手。蘸水笔尖用秃了，我随即换上新的，一来二去竟然写秃了五六十个。这就是我成功的诀窍。这些秃笔尖是我的至宝，我特意用它们摆出"追求"二字的图案，并摄影留下永恒的纪念。另外，我还珍宝似的收藏了上百张退稿信，因为正是有了它们之后才有我那几百万字作品的问世。

为教学为德育殚精竭虑，付出了青春，付出了热血。感悟到累，也感觉到快乐，在累中品味到幸福。是的，我们不能让累拖垮，更不能以累为借口，不读书，不上网，不写作，要勇于"戴着镣铐跳舞"。累其实是相对的。陈景润写了几麻袋的算草，他觉得累吗？只要心中有追求，再累也不在话下。累不可怕，遭遇不公平也不足畏。不公平是磨刀石，磨出的是锋利，磨出的是锐气，磨出的是勇往直前、无所畏惧！

热衷于班主任工作创新艺术

苏霍姆林斯基说："创造性研究能使教师不再把教育工作看做是同一些事情的单调乏味的重复，看做每天在各个年级里千篇一律地讲课和复习巩固等等，而是看做永远常新的、独一无二的创造活动。"班主任如果在工作上因循守旧，就会成为落伍者。而且，社会的发展势必带来诸多新的问题，新的挑战，班主任工作如果不创新，就不能帮助青少年解除困惑，也就失去了吸引力、感召力、说服力、影响力。

不少班主任21世纪了还津津有味地采用20世纪的德育方法、德育资料。高速铁路时速已达每小时350公里，而我们还在驾着马车、小驴车蹒跚前行。我们不能只是"复制"老观念，不能总是"粘贴"老方法，不能一味"链接"老资料。

创新是优秀班主任的必备品质之一，也是班主任走向优秀的途径之一。

这里讲个真实的故事。

2013年11月3日，我收到1992届学生李中伯的一条短信："张老师，您好！当年您帮我们建立的成都笔友，终于见面了，好兴奋！谢谢您。"还随之附了一张合影。她随即又发来了几条短信，告诉我这位笔友叫黄静，还把黄静在微信上配着合影写的一段话发给我："24年未曾谋面的朋友，陪伴彼此从青葱岁月来到不惑之年，从鸿雁传书到BB机到手机到QQ到Email到微信，不曾间断，不曾淡忘，也不曾见面。我未赴津，她未来蓉，却注定在苏州见面。缘来如此……"

李中伯是当年班里的团支部书记，勤奋好学，而且上进心特别强。她完全凭自己的拼搏成为了一家涉外旅馆企业的中层。她的短信在我心中掀起了一阵波澜，20余年世事沧桑，当初这些学生刚刚迈进青年大门，而今已人到中年，他们的孩子有的都已经上大学了。可是，他们竟然还记得20余年前的一次活动，一次交往，一次心灵的震动。真是让人感动。

为此，我找出珍藏的班主任工作笔记，找出了记载1992届学生的几个笔记本。看着这些业已泛黄的纸页，回忆起当年的点点滴滴……

那年，我带的是高一（5）班，这个班是一个普通班。学习好的理所当然堂而皇之地上了重点班，于是普通班势所难免地成了斗志低沉精神难振者的集合体。我不甘心，决心点起一把火，让这个班重新振作起来。于是，我策划了"异地通信招"。在我的精心策划下，我所带的高一（5）班与远在几千里之外的成都市玉林中学高一（5）班结成了友谊班。相距几千里、素昧平生的同学突然通起信来，在信中他们相识、相知、互相学习、互相激励，这激起了他们自尊、自爱、自强的精神，有利于培养他们关心他人的品质。异地通信必会赞扬自己的学校、自己的班集体、自己的老师，这样势必增强学生的集体主义精神；学生在异地通信中必会赞颂自己的家乡，这样势必增强学生热爱家乡的情感。异地通信在当时可谓形式新颖，很容易吸引学生。毫无疑问，这是个一举多得的妙招。两个班级的同学们通过信件产生了友谊，友谊的彩带将上百颗年轻的心紧密地连接在一起。

为了进一步促进异地同学之间的友谊，为了进一步增强他们的体质和战胜困难的信心，这年10月，我又精心策划了友谊班异地象征长跑的活动。具体设想是：异地的两个班级分别开展为期一个月的冬季象征长跑活动，活动开始与结束的时间完全相同；每个班同学长跑的路程相加等于到对方校的路程长度，在本年的最后一天跑完全程。

一个月后，新年前夕，两个友谊班各自跑完全程。我又召开了结业仪式，对活动进行了全面的总结。进入新的一年，周建军、周立强、周松、王佳、王军等同学仍然每天坚持长跑锻炼，即使是下大雪时也没有间断。操场雪地上留下了他们坚实的脚印，我看到意志已经在同学们的心中深深地扎下了根，我看到这群青少年在茁壮地成长，心里像喝了蜜一样甜。我相信我的学生今后在漫长的人生路上会永远信心百倍、斗志昂扬地跑下去，胜利地跑完一个又一个二万五千里！

这一招成了我得意的工作艺术。时隔20余年，友谊班活动，象征长跑活动……还活在学生的心中，还活在我的心中。这些活动活在过去，活在当下，也会活在明天，活在永恒！

2002年12月，在朱永新先生的鼎力支持下，我的第一本专著，也可以说是我的成名作——《班主任工作创新艺术100招》问世了。《象征长跑招》和《异地通信招》就是其中的两篇文章。通过这部力图诠释我的德育思考，记载我的德育探索的书，我想论证班主任工作是科学，是艺术。班主任工作的艺术性就是要善于变急风暴雨为和风细雨，变操之过急为循序渐进，变耳提面命为拨动心弦，变生硬呆板为巧妙疏导，善于掌握雕塑美好心灵的艺术，像能工巧匠雕琢艺术珍品、精品那样雕琢青少年的心灵。班主任工作艺术是指班主任娴熟地运用德育工作的规律和美的规律而采取的富有创新性的工作方式和方法，它是班主任在工作过程中的思想、作风、知识、能力、情感、技巧等的综合凝聚和外在表现，具体地反映了班主任的全面素质。班主任要做艺术施教的能工巧匠。

2014年4月22日，我在百度上检索《班主任工作创新艺术100招》，竟然获得300多万条信息。这从一个侧面可以看出"班主任工作艺术"在人们心目中的位置。

退休后的第二青春

进入21世纪，我从奋斗了30多年的教学岗位和班主任岗位上退了下来，但是，身退心没有退，我仍然心系教育，且更加钟情于班主任研究工作，致力于总结一生的班主任工作经验和教训，特别是在网络上培训青年班主任，在全国招收了50来位优秀班主任做徒弟。更荣幸的是，我参加了2007年和2008年教育部全国班主任培训工作。退休后的十余年间，我勤于笔耕，发表了上百篇涉及班主任工作、德育工作的文章，出版了6本个人专著，主编了20多本书。

1. 演绎网上收徒的先河

退休后，我的宗旨是——己欲立而立人，己欲达而达人。帮助青年班主任"立"并且"达"是我的义务和责任。我有决心把青年优秀班主任推向教育事业的峰巅。过去我以学生为生命；退休后，我以扶助青年班主任为己任。我觉得自己的生命将会在青年班主任朋友们的事业中、在他们的辉煌中得到延伸。

退休后，把全部时间和精力用于班主任工作研究上，用于帮助青年班主任成长的事业中。在现实中，我看到众多青年班主任没有认识到自己的优势、长处，对班主任工作的重视还不够，工作中总是处于被动状态，甚至还产生了职业倦怠。更有许多优秀班主任"养在深闺人未识"，他们的才华和智慧没有成为大家公认的财富。于是，发挥自己的优势，做铺路石子，做登高的梯子，做引路火炬，帮助青年才俊们登堂入室，早日成为名师，成长为专家型班主任，成了我的追求。

2003 年 9 月 23 日，我初入教育在线网站，很快便成为众多网友关注的热点人物。我每天"一招"发在网上的《张万祥班主任工作艺术》，几乎每一个班主任都可拿来为己所用。全国有一批年轻教师心怀敬仰之情，拜师的欲望也在蔓延。于是与教育在线班主任论坛版主红袖等人商定，决定通过严格考试，在全国公开招收徒弟。2004 年 2 月 21 日 19 点，我在网上给数百个报名者一一发去试卷，三个小时后从网络上收回答案；随后，我又进行了两项考核：一是上交一篇自己最满意的论文，二是完成一篇我布置的命题作文。经过三轮考核，于 3 月 28 日 19 点，在网上公布录取名单。结果，河北、山东、浙江、广东、江苏、安徽等省的 13 位老师榜上有名。当晚，我将《我们将建设成温馨的家园——写给我的弟子们》一文发表在网上，我说："3 月 28 日 19 点是个让你我难忘的时刻，从这一刻起，我们就结成了网络上的师徒关系，这是'前无古人'之事。从这一刻起，你牵动着我的心，我牵动着你的心，我们将会心心相印、心心相通。""当初，有些人好心地劝我不要收太多的弟子，因为多一个人，多一份牵挂，多一份负担，多一份疲惫。现在我想，今后可能会为之耽误一些休息，会影响一点写作，会少发表些作品，会少出些书。但是，由于我的帮助，你们可以多发表作品，多出些书，这不是我最大的收获吗？为了你们的尽快成长，牺牲我自己的一些东西，值！我说过，过去我以学生为生命；今后我要以扶助青年班主任为己任。我的生命将会在你们的事业中，在你们的辉煌中得到延伸。这不是最理想的结局吗？要知道，从 2004 年 3 月 28 日 19 点起，你们已经成为我的生命的一部分。"

我多次对徒弟们讲："张老师没有才华，但是有恒心；张老师没有年轻，但是有热情；张老师没有青春，但是有激情；张老师没有财富，但是有书朋。""请你们相信：张老师没有衰老，没有陈腐，没有故步自封……我拥有一颗年轻的心脏，我拥有一种矢志不渝的追求，我拥有青年人的活力与激情。"我要求徒弟们："不汲汲于一时一事的所得，而致力于一生的成长；不汲汲于早日名扬天下，而致力于自身切实发展；不汲汲于眼前的名利，而致力于自身生命的厚重；不汲汲于发表一两篇文章，而致力于撰写万古长青的教育诗；不汲汲于眼前的火爆，而致力于自身教育生命的深沉；不汲汲于他人的重视青睐，而致力于自身灵魂深处的修炼；不畏惧寂寞，不畏惧挫折，不迷信导师，不依赖导师。"

一位网名叫 hanqijian 的网友给我发来短信："我已经七年没做班主任了，您的激情唤起了我的激情，我决心做班主任，做一个以学生为生命的班主任。"

我就是要做青年班主任真诚的朋友，为青年班主任教育生命的辉煌"鞠躬尽瘁，死而后已"！我想，过去，改变一个学生，给一个家庭，给几代人带去温馨，给孩子带去希望。如今，帮助一位班主任，改变他的心态，或者给他继续前进的力量，使他的专业素质得到提升，工作质量得到提高，从而使更多的学生受益，更多的家庭受益。

我始终以在网络上给青年班主任以指导为荣。在拜师期间，我要求每位徒弟每月至少上交一篇文章，我再一字一句地进行修改。起初，他们的文章大多是幼稚的，有时改一篇文章就需要半天的时间。在相当长的一段时间内，这类活动占用了我大量的时间和精力，以致自己的研究和写作都停止了。但是，看到他们的进步，我觉得所有的付出都是值得的。对于崭露头角的班主任，对于有代表性的班主任，我认真阅读他们几万字甚至几十万字的帖子，然后潜心研究，分析他们专业成长的途径，归纳他们成功的经验，帮助总结他们的成绩。这样的工作是艰巨的，往往要花费大量的时间和精力。但是，为青年班主任推出专业成长的样板，促进他们快速成长，我觉得这是个有意义的工作。

我与青年班主任朋友们更多的是在网上交流。我在电脑上为许多青年朋友建了文件夹，把他们的文章帖子都下载并珍藏起来。给他们写信，我往往先写好，保存在电脑里，然后再发给他们；而他们的回信，我也是一一下载收藏。得知他们取得了成绩，或者是发表了文章，或者是获得了荣誉，或者是生活发生了变化，我都给他们写信祝贺或安慰。在他们遇到困难和困惑的时候，我以朋友的身份真诚地给以引导疏通。算起来，我和青年朋友的通信不会少于 50 万字。这些已经成为我的珍宝。

有的青年朋友要出书了,请我写序,我一直认为这是荣誉,更是一份深深的信任。每次写序,我都极端认真,我要通读他们所有的文章,要全面了解他们的情况,甚至包括他们读什么书,有什么爱好,有什么个性……写一篇序言,我往往要用上半个月乃至一个月的时间。近几年,病魔缠身,一年间要住院两三次。有时在病床上,还要阅读他们的书稿。在我的书柜里,有我的序言或推荐语的青年班主任专著近百本。

我决心做铺路石子,做云梯,帮助青年班主任登上教育事业的峰巅。

2. 用主编书的形式助青年班主任一臂之力

为何要做主编?狭隘地说,我已经"功成名就",作为退休业已十年的老教师来讲,与功名利禄完全没有丝毫关系,应该真正从班主任阵地上偃旗息鼓,应该安享晚年。儿女都有出息,隔代人都很优秀,没有让我操心的地方。唯一的遗憾是身体每况愈下,甚至有时达到寸步难行的地步。但是,我就是想做点事情,帮助青年班主任,做块铺路石、垫脚石,让他们踩着我的肩膀向前疾行;做架人梯,让他们蹬着我的肩头向上攀登。许许多多青年班主任视我为真诚的朋友,信任我、鼓励我、支持我;一些一流的教育出版社支持我、帮助我、鼓励我。于是,我在主编这个虚化的职位上兴致勃勃地工作着,奋斗着。我就想让更多的青年班主任在我主编的书中崭露头角,显露才华,展示辉煌;我就想让我主编的书成为精品,成为畅销书,为支持我的出版社赢得声誉。

在征稿过程中,在修改来稿中,在编辑书稿中,发现、挖掘、培养名不见经传、默默无闻,甚至没有真正发表过文章,但是确实富有才华的初生牛犊,这是我的乐事。经过我的努力,过去一直默默无闻,而今露峥嵘的青年班主任不少于200位,这是我的骄傲。

我主编的书大多都成了畅销书、热销书,在当当网、亚马逊、京东商城等网上书店,都能轻而易举地找到。有些书产生了较大的影响,比如,《班主任专业成长——100个千字妙招》入选《中国教育报》"2012年度教师喜爱的100本书",中国教育新闻网2013年度"影响教师的100本书",入选《中国教师报》2013年全国教师暑期阅读推荐书目（第二批）,教育部基础教育课程教材发展中心2013年中小学图书馆（室）推荐书目;《致青年班主任》入选《中国教育报》"2012年度教师喜爱的100本书",中国教育新闻网2012年度"影响教师的100本书"……当然,写书是艰苦的,这些年我为此尝尽了酸甜苦辣种种滋味。

教师是我一生中从事过的唯一的职业,班主任工作是我一生中倾注了全部心血的岗位。实践出真知,总结班主任的感悟工作值得我们去做。德育是大有可为的,它可以实现人生的价值,可以帮助我们攀登事业的顶峰,在教育追求中磨砺人生的幸福。

人生需要高扬追求的大旗。追求是巨大的动力,在任何困境中都不能丢掉这面大旗,只要这面大旗在,什么困境都不在话下,就有希望,就能转败为胜,就能走出困境,看见光明。在顺境中,不能沉于纸醉金迷、花前月下,要继续高扬追求的大旗,就能攀上更高的险峰,"无限风光在险峰"。即使没有理想的生活,也要有生活的理想。

真正的幸福是在苦苦追求中经受重重磨砺后的甘甜!

赵 坡

深圳第二外国语学校教师,区级优秀教育工作者,市级优秀教师,市级教坛新秀,先后出版了《班主任如何说话》《班主任如何思考》《班主任如何行动》《班级管理实战指南》《班主任如何带好差班》等,其中部分被《中国教育报》评为"影响中国教师的100本图书",入选中小学图书馆(室)推荐书目。

班主任要力争成为更优秀的人

面对一位向你侃侃而谈，讲卫生如何重要却随地吐痰的人，你会接受他的建议吗？

我想，多数人并不能心悦诚服地接受这样的人的建议。

作为和学生朝夕相处的班主任，我们要常常传播真善美的种子。但倘若我们不能给学生作出践行真善美的示范，那么就很难让真善美的种子在学生内心生根发芽。正所谓"师者，范也"，其理即在此。

我们期待着学生成为什么样的人，就要首先成为那样的人。这既是成为优秀班主任的途径，也是成为优秀班主任的基础。在担任班主任的这几年里，我一直秉承这样的理念，处处力争做到最好，以用自己对优秀的追求来促进学生对优秀的追求。

珍爱生命，从过好今天开始

冯骥才在《多活一小时》中讲道，有十个人失掉时间，死掉了。不管他们生前是热爱生活还是厌烦生活，在死后却都一样渴望返回到世界上来，哪怕一会儿也好——这种感觉是活着的人体会不到的。之后，掌管人们寿命的天神有富余的时间，想让一些死者重返阳间，但前提是想听听他们回到阳间最想做的事情。这些死者打心底特别期待再多活一小时，他们均说出了自己生前最遗憾未做到而死后最期待能做到的事情。

这篇文字给予我很大启示：活着的意义永远重于死去的理由，千万不可因一时之惑而将生命看作尘埃并主动弃之；珍爱生命从珍惜活着的时间开始，不要浪费一点一滴的时间，即刻去做有价值的事情，不要等到下一刻，更不能等到明天；珍爱生命以健康的身体为根基，离开了健康的身体，生命色彩将变得黯淡无光。

> 还是那些元素
> 却形成独特的你
> 生命就是如此神秘
> ……

这是我所写的学生寄语的首段文字。在我眼中，没有比生命更神秘的事物。我对学生说，没有哪两个人身体的构成元素是不一样的，但有的人特别高，有的人特别矮；有的人特别白，有的人特别黑；有的人特别聪慧，有的人特别愚钝……但不管你是怎样的，你都是独一无二的，这个世界少了你就会更加残缺不全。独特的你，会创造哪些奇迹呢？

学校组织学生跑操，我也跟着跑。学生很奇怪，问我为什么也跟着跑，因为跑操既让人觉得累，也让人容易出臭汗。我说，抓住一切机会锻炼身体啊，健康是花再多钱也买不来的。同时，我也提醒学生，能跑的就要坚持跑到底，不仅要跑操，会打球的要坚持打球，会跳舞的要坚持跳舞，会游泳的要坚持游泳……

总之，生命对于每个人来说只有一次，且永远走不了回头路。因此，我们唯有倍加珍爱生命，才不枉在世一生。

永远善良，愿灵魂坦坦荡荡

学校组织学生捐过冬衣物及学习用品，我们班学生踊跃参与，最终获得"优秀组织奖"；学校号召学生捐款，我们班学生慷慨解囊，所捐款数名列前茅。

我说这些，当然不是用数量的大小来衡量爱心的多少。我只是想说明我们班学生对善举的那份在意。当初宣传这些活动时，我就仅仅说了几句话通知这些事情，并没有兴师动众地鼓动他们大量捐款捐物。我没有做"思想工作"，学生还能这么热情，这和平时的工作肯定是分不开的。

我每天都坚持浏览国内国际新闻。每当看到"有感觉"的新闻，我总会给学生说说，听听学生的想法，并和学生一起讨论一下。

比如，我和学生讨论过"假药"问题，很多学生当时都表示出一万个不能理解——即使生产假药能赚很多钱，但是那可是真真切切害人命的恶行啊，那些生产商怎么就下得了手呢？！学生在不可思议的疑问中，体会到了什么叫"泯灭人性"。类似的"毒奶粉""地沟油""激素鸡"等反面事件，我也都和学生讨论过。

比如，我和学生分享过"90 后女孩亲手喂乞讨老人"的新闻。不少学生也觉得乞讨老人身上比较脏，但立刻意识到这更能说明"90 后"女孩的慈悲和善良。一个人对待底层人民的态度体现了这个人素养的高低。学生们从类似的新闻中体会到人性之善和人性之美，同时也在内心埋下了一颗颗善良的种子。

比如，我和学生讲述这样一则新闻：流浪在成都街头的 50 多岁的农民工邓小明，在一个饥肠辘辘的夜晚，小心翼翼地拯救了一个被扔在草丛里的弃婴。就这样一个在别人看来卑微得不能再卑微的打工者，却在逆境中坚守着一种善。生活条件优越的人，做件好事，很多时候不过是举手之劳。而像邓小明这样平凡甚至卑微的生命，在自己最需要帮助的时候，仍能给予别人生的权利和活的勇气，就是他内心坚守的最大的慈悲与善。这个社会，就需要像邓小明这样善良的人——无论身处怎样的困境，都坚持做善良的人，绝不会干出坑蒙拐骗甚至伤天害理的勾当！这样善良的人，可以温暖无数灵魂，可以照亮整个世界！

古语说，不做亏心事，不怕鬼敲门。邓小明的灵魂必定是坦坦荡荡的。我对学生说，无论任何时候，都要坚持做善良的人。善良的人的灵魂，不仅高贵，而且坦荡。

微笑每一天，平和待人接物

据丰子恺回忆，弘一法师在浙江省立第一师范学校里教授音乐的时候，虽然所教科目为"副科"，但却很为学生所看重，这都是因为他们对弘一法师的敬佩。

有一次，一位学生随地吐痰，被弘一法师看到了，但弘一法师并没有立刻责备他，而是等到下课后，用很轻但严肃的声音郑重地说："某某等一等出去。"等其他学生都出去了，弘一法师就和气地对这位学生说："下次不要随地吐痰了！"说完之后，弘一法师向该学生微微一鞠躬，而学生则脸红起来。

还有一次，一位学生在下课关门时发出很大的声音。待这位学生走了数十步之后，弘一法师走出去满面和气地让那位学生回到教室来。进入教室后，弘一法师用很轻但严肃的声音和气地说："下次走出教室时，轻轻地关门。"说完，弘一法师朝那位微微脸红的学生一鞠躬，并送学生出门，然后轻轻地把门关上。

弘一法师彼时所教的学生也如我此时面对的学生一样，有不少"问题"，但是弘一法师教育学生的水平，却让我难以望其项背。

首先，弘一法师尊重学生。学生犯错，多数老师一般都会当场纠错，而不去考虑场合。但弘一法师教育问题学生，一般都是等到下课后学生走完的时候，给学生留下天大的面子，也让学生看到了如何才能做到尊重别人。

其次，弘一法师睿智从容。面对学生的问题或问题学生，多数老师都会很急躁，往往会喋喋不休，生怕学生不懂道理。但弘一法师却不紧不慢，不多讲道理，或点到为止，或亲自示范，颇显睿智从容。

最后，弘一法师优雅得体。弘一法师不但不批评学生，反而还会在最后给犯错学生"微微一鞠躬"，这无疑为学生呈现了最佳的处理问题的方式，而这往往要比解决问题本身更重要——学生犯错，我们就以暴治错，学生以后会不会也像我们那样以暴处事呢？这很难说。

刚走上工作岗位的头两年，我算是一头温顺的"小绵羊"，从来没有和学生发过火、动过粗。后来初当班主任时，我变成了让自己都讨厌的模样，时不时就怒气冲天，还常常对学生恶语连连。不需学生说，我知道自己已走在与幸福相悖、与教育相反的道路上。我所需要的，正是像弘一法师那样的平和。我当然知道，外在的平和是阳光的内心使然，正所谓"相由心生"。修身养性，实在是每一位老师都应该努力做的。我给自己的提醒是：微笑每一天，平和待人接物。而这，将成为我一辈子追求的目标。

梦如朝阳，有温度更有力度

2006 年，我大学毕业；2007 年，我结婚了；2008 年，我拥有一个可爱的宝宝；2014 年，我的宝宝马上就要读小学了。和同学相比，我的这一切都来得比较早。有同学和我开玩笑，说我没有好好过一天高贵的单身生活。而对于结婚早、生孩子早这些方面，我感到无比自豪。有了心爱的人，为什么不早点结婚？结婚了，为什么不早点生个孩子？当初，和女友在大学里谈恋爱的时候，我就对女友说："我们的爱情结晶有三个，一是家庭，一是孩子，一是二人世界的幸福生活。这些都是我的梦想。"现在，我拥有了温馨的小家庭，有了聪慧体贴的女儿，有了看似平凡却非常幸福的二人生活——我当初的梦想实现了。此时，我梦想着有一天，我的父母，我的爱人，我的女儿，能早一点一起快乐地旅游，能早一点一起幸福生活，能早一点一起看花开花落、云卷云舒。

2009 年我生日那天，我将我与学生谈话的记录及思考整理成书稿，并将其投给大夏书系！实在让人没想到的是，当天中午我就收到了大夏书系的书稿录用通知。这对于刚工作三年的我来说，的确是不小的激励，同时也让我意识到了研究教育的价值。虽然年龄不到 30 岁，虽然教龄不到十年，虽然天性愚钝，但这些都不能阻挠我对教育的研究，因为对教育的研究是实现我的教育梦想的基本途径。说句实话，我以为现在的教育远远不及我当年读小学时所受的教育——虽然那时绝大多数老师都是学历不高的代课老师，虽然数学老师既教我历史又教我自然，虽然我连堂正儿八经的音乐课都没有上过，但是我感到很快乐，我的同学们也感到很快乐，我们天不亮就跑到学校里玩耍，我们欢天喜地摇头晃脑地背着古诗词，我们满怀期待地想在课间去旁边的小溪里捉泥鳅……让学生喜爱校园，让学生快乐学习，这是我的教育梦想，我愿意为之勤奋地研究，当然也期待着这一天能早日到来。

……

事实上，老师有没有梦想，学生是能够"看"出来的。没有梦想的人，是无论如何也装不出来的。我的一些学生曾对我说："老师，你是有梦想的人。"我想学生对我的这种判断，是建立在一点一滴的日常相处的基础上的。

我常常对学生说，梦想就如朝阳，能给人温暖的希望，同时也能给人强劲的动力，让人不仅能活下去，而且还能活得很好。人可以没有钱，可以没有房，可以没有成就，但就是不能没有梦想。

而作为班主任，我们有了梦想，才能坦然地播种梦的种子，才能更惬意地和学生一起追梦。

尽情尽心尽力，让青春无悔

我曾在班会课上，和学生做过"鼓掌"的活动，主要内容如下：

（1）请鼓掌。

（2）请鼓掌 30 次。

（3）请你预测，你在 30 秒内最多能鼓掌多少次？请你试一试。

在执行第一个指令时，学生的掌声一般都是稀稀拉拉的；在执行第二个指令时，学生所用的时间长短不一；在执行第三个指令时，掌声雷动，气氛热烈，很多学生的实际鼓掌次数都比预测的要多得多。

开展这个活动，一方面可以让学生意识到一个人的潜力往往是巨大的，超出很多人（包括自己）的意料；另一方面让学生看到完成具有一定时间要求的任务，可以帮助一个人最大限度地发挥自己的潜力。

我也给学生播放过电影《面对巨人》（又名《永不放弃》）中的一段视频，视频的内容是这样的：

一个高中橄榄球队屡屡失败，很多人都对球队失去了信心，包括队长皮洛克。教练泰勒要皮洛克背着体重160磅的队友爬行50码。皮洛克说他做不到。泰勒教练要他尽全力，然后蒙起他的眼睛，大声喊叫，一步步激励他向前。在爬行的过程中，皮洛克觉得很辛苦、很劳累、"火烧一样难受"，临到后来一直不断地说"我不行了"。但泰勒教练始终声嘶力竭地帮皮洛克加油打气，直至见证皮洛克最终爬完全程（110码），达成目标！当布洛克精疲力竭地倒下时，他已经爬完了全场，来到了底线上！

这段视频，当然体现了泰勒教练的重要激励作用，但更显示了皮洛克的无限潜力。一个人的潜力，就是这样让人不敢想象。当然，一个人要发掘出自身潜力，就必须作出最大努力。

现在的不少学生，因为生活经历的单一，做事怕受苦受累，同时也看不到自己的潜力，但又渴望成功。他们所缺少的，就是皮洛克在视频中所展现出来的。如果多数学生能在认识到自身蕴含无限潜力的基础上尽情尽心尽力地做事，那么必能发挥出连自己都不敢相信的潜力。

我也与学生分享过我的经历，高考时我的语文总成绩刚好为100分（总分150分），前面的选择题、阅读题、默写题等题目，我的估分为至少不低于70分，这样我的作文最多不超过30分。而我现在，工作不到八年，却已经根据日常的教育教学叙事及反思，出版了五部书稿！我这么说，并不是说自己多么优秀，只是想说明我的文笔虽然不够优美，但是这并不能淹没我书写的激情。不管是面对生活，还是面对工作，我都做到尽情尽心尽力，这样我才不会白到世上走一遭。

如果学生也能尽情尽心尽力地面对生活和学习，那么我们还有什么好抱怨的呢？

悦读生活，养脑养心养人生

从小学到高中，我其实很少读课外书。我的真正的阅读，是从上大学开始的。如今，阅读已经成为我的生活习惯，睡前读一读，进图书馆看一看，到新华书店逛一逛，这些都已经成为我生活的有机组成部分。

我的阅读分为两部分，一是读报刊，二是读书籍。报刊方面，教育的、新闻的、体育的等等，我基本上都会读一些，其中像《读者》《环球时报》《班主任之友》等几种报刊，我基本做到了每期必读。书籍方面，我主要读社科、教育及文学三类，每年读20本左右。事实上，我读的书并不算多，但是这并不妨碍我从书中汲取丰富的营养。

比如，在现当代小说中，我非常推崇《围城》和《沧浪之水》。《围城》的主人公方鸿渐满腹经纶，才高八斗，但是不善交际，教书教不好，做人做不好，倒头来被学校解聘，和老婆闹别扭，没任何成就，但是方鸿渐真的可算作德才兼备的人，这样的"好人"为什么会如此郁闷？《沧浪之水》的主人公池大为，作为当时少有的研究生，被分配到省卫生厅工作，就是因为"不开窍"，不愿意"侧着身子给领导让路"，以致工作十几年后还毫无"进步"可言；池大为痛定思痛之后，决定"洗心革面"，"侧着身子给领导让路"，选边站队傍领导，为主宰自己能否进步的领导搞科研写材料，一段时间后果然顺利"腾飞"……

我想，像方鸿渐和池大为这样的人物原型，在生活中是客观存在的，而且为数不少。我可能就算那么一个。当然，我没有他们那么有才学，只是在性格上与他们有很多相似之处。从他们身上，我对我未来的工作有所预感——在单位不会过得多么"滋润"。对此，我有充足的心理准备——做人，我做善良但有原则的人，我不损人害人，当然也不会助长损人害人之风；做事，我尽情尽心尽力做到自己能做到的最好，我为的是我的教育梦，而不是为了升官发财。我不会跪下去做教师——教师都站不起来，学生又如何能站得起来？以后的岁月会不会改变我的想法，我现在不能确定，但至少到现在为止，我还是一个"纯粹和真实的我"。事实上，中国人都是非常聪明的，但是绝大多数聪明的中国人都把自己的聪明才智用在了"搞关系"上，而不是用在意义重大的事业上。而我，就是想让学生看到，中国还是有一些人不为名不为利、老老实实做事业的。我相信这种不为名利、老老实实做事业的精神是一颗生命力强大的种子。

在诸多的教育教学著作中，我发现我最喜欢的莫过于《过去的教师》。读这本书，听听那些优秀教师的故事，品品他们的学生对他们的评价，想一想我平日的所作所为，真是一大快事。反复读过之后，我明白了不少道理，其中之一就是对"优秀教师"有了更准确的定位：优秀教师都是能坚持做好小事的人。具体地说，教育教学工作本来就没有什么惊天地泣鬼神的大事，优秀教师正是在做好各种日常小事的基础上彰显"美好教育的大"的。最近这一阶段，我放弃了诸多做大事的想法，开始尝试学会做好一些小事。比如，一位成绩不太好的学生，经过一段时间的努力，取得了进步，我该如何表扬他；比如，学生过生日了，我给学生送张贺卡，上面可以写哪些比较适宜的寄语；比如，有时学生会忘记擦黑板，我如何处理更好……事实上，我们每天遇到的都是这些"小事"，但处理这些"小事"的方式却折射出我们的思想和灵魂，同时也给予学生不同的熏陶。

总之，于我来说，读书不仅可以让我理直气壮地呼吁学生去读书，还可以帮我养脑养心养人生，让我更加平和、更加清晰。在多次以爱情为主题的班会课上，我都对学生说，如果他们要是谈恋爱，一定要选择一位爱读书的异性朋友。乍一听，我好像是在和学生开玩笑，实则不然。据我观察，绝大多数喜欢读书的人，在人品、才学方面真的不会太差。这可算作读书的另外一种收获吧。

站好课堂，先做好教学工作

自从担任班主任以来，我担任班主任的班级，在历次考试中几乎均可以取得化学平均分最高的好成绩，不管平行班级是几个还是十几个。我说这事，倒不是为了夸耀自己，只是想谈一点我的看法。众所周知，绝大多数学生本来就对班主任的课特别关注，班主任所带科目的平均分比较高的现象实属正常；也正因如此，班主任更要站好课堂。

为什么这么说呢？

以前，我作过小范围的调查：绝大多数班主任所带学科的成绩比较好，你认为是什么原因？绝大多数参与调查的学生都说，那是班主任的影响使然。我感到好奇，就再问他们：也有一些班主任所带学科的成绩比较差，你认为又是什么原因呢？学生的回答更让人瞠目结舌：班主任教得差，学生用力学也学不好呗！学科成绩的好坏和很多因素有关，这些学生的观点显然有失偏颇。然而，我们也不能忽略一个事实——这些学生都是这么认为的：班主任所带学科的成绩好，那是因为班主任的影响；班主任所带学科的成绩差，那是因为班主任教得不好。

对此，我的观点是——

班主任对学生的成长、学习等方面的影响到底有多大，这是很难说清的事情，也是很难让学生在一时半会儿就能明白的事情。有鉴于此，我们班主任要先把教学工作做好，力争站好课堂。

当然，我们站好课堂，其目的不仅在此，还有更重要的地方。

教学工作是班主任的重要工作之一，甚至是学生眼中的唯一正式工作。我们对教学工作的良好态度以及高超的教学能力，能让学生看到我们是如何对待工作的。我们常常号召学生好好学习,而我们有没有好好教学呢？学生的眼睛是雪亮的,历经无数课堂的学生,当然能看出我们教学态度的好坏及教学水平的高低了。事实上,我们正是通过教学给学生树立了对待本职工作的榜样。这一点,不管是对于眼前的班级管理,还是对于未来的学生发展,都具有重大的意义。从这个角度说,站不好课堂的班主任,不能算是优秀的班主任。

我曾经从朋友那里听说一件事情——

朋友的朋友,是全国有名的优秀班主任。这位优秀班主任也想来深圳发展,于是在朋友的引荐下到朋友所在学校应聘。在结果出来之前,很多人都认为这位优秀班主任是可以成功应聘的,因为这位优秀班主任在班级管理方面太有成就了。但让很多人出乎意料的是,学校并没有录取这位优秀班主任。这是为什么？朋友后来找到担任主面试官的校长询问原因。校长说,我们学校当然不会放过任何一位优秀教师,但是作为教师,首先要能做好教学工作。原来,这位优秀班主任在说课和试教方面都表现较差。

从上述角度说,我是支持这位校长的做法的。

拥有爱好,乐在八小时之外

我们学校有个乒乓球群,我虽然不算群主,但也是发起人之一。

说起乒乓球,我和它的缘分还不浅。读小学、初中时,我从未打过乒乓球,原因是没有那样的条件；到了大学,我开始打乒乓球了,但说实话,我没有什么"对手"——别人嫌我的球技太差,都不想和我打,这真让人郁闷；到大四的时候,为了捞个"特长生"的荣誉,我报考了体育系的"乒乓球裁判员"的资格考试,竟然高分通过！

参加工作后,我的年龄在不断增长,但是乒乓球球技却不见长,仍然属于"无对手行列"。这很伤自尊,于是我暗下决心,要好好练习球技。我所在的办公室里有位老师也喜欢打乒乓球,那时学校还没有乒乓球组织,于是我们一经商量，就由那位老师组织申请了一个乒乓球群。到如今，我校乒乓球群已经有20位成员了，且基本上每晚都有几桌正常开展活动。就是在这时候，我遇到了已经退休了但是球技特别好的老张，他耐心地教我提高球技。虽然我灵活性不强，虽然我悟性不高，但是经老张那么耐心地教授，我的球技还是长进了些，有时竟然还能"连杀"几个！快哉！

毕业以来，我所工作过的几所学校全部是寄宿制学校，这样下班后的大多数时间，我也是在办公室度过的。在办公室，当然会打开网络。但是，我并不常看电影，而是读读文章，打理打理博客，抑或写写快要从脑子里溢出的文字。前文已经说过我的悦读生活，这里只谈谈我的写作。

工作不到八年，我已经发表了近百篇文章，出版了五部专著，还有两部书稿待出版。这让很多人感觉不可思议——一个毕业不到十年的老师，哪有那么多的内容要写？这里有三个问题：写什么、什么时间写、怎么写。

对于写什么，我的体会是，只要在意所做的工作，就会有感悟，有感悟就不愁没东西写，把自己所做的工作叙述出来，再加点感悟，夹叙夹议，或先叙后议，都是可以的，这样一来，一篇文章不就出来了吗？

对于什么时间写，说实话，我们没有大段大段的时间，但鲁迅先生的那句"时间就像海绵里的水"的老话是有道理的。事实上，我们也不需要太长时间，比如，每天写一千个字，也就需要一个小时的时间。一个小时的时间，我们总还是有的。

对于怎么写，我的经验是，做了什么就写什么，怎么做就怎么写，全部是描述或记叙性的文字；想了什么就写什么，怎么想就怎么写，就是把脑子里的想法变成文字。很多人在写的时候，可能有个顾虑，就是怕写得不好，有了这个顾虑，估计就不敢轻易动笔了。其实，写作是我们的事，评论是别人的事，用别人的标准左右我们的生活，我们还能有自己的生活吗？尽管去写，不问优劣，写出来本身就是最重要的价值，其他的都是附属品。

我喜欢写，想写的时候感到快乐；写的时候依然快乐；写完后看到成形的文章，更快乐！

一天下午，一个朋友说他那里的农场大观园现在正处于观赏的季节，要开车过来接我。一般情况下，我是非常不愿意麻烦朋友的，但是经不起诱惑，满口答应过去看看。在那里，我看到了很大很大的南瓜，看到了很多很多奶牛，看到了很多小猪跳水，看到了无水栽培作物，看到了火龙果树，看到了茅草屋，看到了不同地域的农具……我、妻子、女儿，我们一家人走了很多路，看了很多稀奇事物，呼吸了很多新鲜空气，当然也拍了很多照片！快哉！每个周末，都出去玩一下，既陪伴了家人，还亲近了自然，一举两得，美不胜收！

……

有人说，成就一个人的，是在八小时之外。其实，我不知道我的"成就"是不是靠八小时之外的时间取得的，但是我的爱好，多是在八小时之外完成的。运动让我的身体更加健康，写作让我的心理更加健康，亲近自然让我的灵魂更加健康。此外，做喜欢做的事情，即便很累，也不会感觉那么强烈。人，活了一辈子，没有做自己感兴趣的事情，将是多么枯燥和可怕啊！

有几位已经毕业的学生，曾通过不同方式对我说，他们身上有我的影子。我很好奇，就问他们有哪些影子。他们说，比如善良、诚实、奋进等等。我以此结尾，倒不是为了特别强调我这位班主任有多么好，只是想以此来概括本文的主旨：班主任能给予学生的，除了美好思想上的引领，更多的是为学生呈现对待生命、生活、事业等的态度及方式，以资学生借鉴或者给学生以熏陶。从这个角度来说，班主任务必在各方面都力争做到最好的自己，这样才不会把学生"带坏"。

郑 英

中学高级教师,现任教于杭州市天杭实验学校。教育部"国培计划"专家库成员,浙江教育十大年度影响力人物,浙江省春蚕奖获得者,2011年感动杭城十大教师,杭州市首届模范班主任,浙江省名师名校长培训导师,浙江省领雁工程培训班讲师;在《中国教育学刊》等核心刊物上发表论文近100篇,在全国范围内做班主任专题报告200余场,著有《班主任,可以做得这么有滋味》。

教育，要让学生追慕美好
——我与涛涛的故事

钻石可以恒久远，精神可以永流传，但凡美好的东西，都有经久不衰的迷人光辉，也只有美好的东西，才能拥有无限生命力。心如工画师，能画种种物，而教育恰是心灵的事业，如果能让心灵的质地不断趋向美好，将会使师生都能收获各自的魅力人生。所以，教师当与学生一起追慕美好，成就美好，最后织出一片人生的锦绣。

虽然我无法确知这种"美好"的住址，但从美学大师朱光潜先生的一段论述里找到了通往它的大致路径。他说："凡是艺术家都须有一半是诗人，一半是匠人，他要有诗人的妙悟，要有匠人的手腕：只有匠人的手腕而没有诗人的妙悟，固不能创作；只有诗人的妙悟而没有匠人的手腕，其创作亦难尽善尽美……"作为一门艺术，教育何尝不需要师者拥有一半诗心一半匠心？没有诗心，难以萌发美好的教育理想；没有匠心，美好的教育理想多半流于空想。唯其实现两者的融合，才能达到教育的尽善尽美。

教育中，我力求自己拥有一半诗心一半匠心。我的诗心在于"与学生一起看风景，并与他们一起成为风景"；我的匠心在于"为学生的生长提供最好的环境，帮他们确立起一些向上向善的美好信念"。尤其是面对那些误入迷途的孩子，我更是竭力唤醒他们灵魂深处的爱、良知和尊严，以实现那个最自由最充沛的内心深处的自我。涛涛，便是这样的一个孩子。与他相处的三年里，我在自己力所能及的范围内为他营造一片局部的晴天，不断为他培植向上向善的信念，让他在有所追求、有所创造中体会到人生的幸福感。

"我也是别人的环境"——帮助学生经营好关系

每个人都生活在一定的关系中，这些关系就是他的生存环境。人只有生活在和谐的环境里，才能最大限度地释放自己的创造力和生命力，否则，将离幸福生活很远。所以，教师要先帮助学生经营好自己的环境，并让他成为别人的美好环境。

涛涛是个矮小的孩子，眉毛常常拧在一起。据说眉是心情的叶子，一个人内心的风吹草动，常会在眉上显出涟漪。纠结的眉、苦涩的表情，这些元素叠加在一起，让涛涛看起来是一个悲情的人。不过涛涛的表情常能瞬间切换，前一刻还在与人追逐奔跑嘻哈逗乐，一见到老师，刹那间就切换成霜打过的茄子，耷拉着肩，哭丧着脸，低垂着头，这让原本就非常矮小的他看起来似乎低到了尘埃里。每每此时，涛涛嘴里都会咕哝一句"老师，我错了"，而眼睛却在不断偷瞄你。这当然不意味着他态度端正，而是他躲避惩罚的法宝——我主动认错，态度端正，老师就不好意思再追究了！但老师一走开，他又马上切换到原来的样子。

虽然涛涛在视觉上给人的感觉是如此的热闹，但这并不意味着他的同伴关系有多美好。恰恰相反，他是生活在集体的狂欢中而离真正的欢乐很远的人。君不见，他与同伴玩闹时基本都是被追打的一方，对方追上他后常顺势不怀好意地重重拍打他几下，而他傻傻地有些犯贱似的继续招惹："你来呀，有本事你来呀。"于是对方为了显示自己的本事便继续追赶，直到追上后又是重重的几下拍打。有时对方下手过重，涛涛也会倔强地噘起嘴，试图与人理论，但因为讲话结巴，最后又败下阵来。极偶然地，涛涛也会愤怒，摆出一副要还击的样子，但从未付诸行动，像一只树蛙变换出鲜艳的体色仅仅是为了警示对方。有时，事情会转移到老师那里处理。面对老师，涛涛常常夸大自己所受的伤害和委屈，其结果是老师同学都认定他在撒谎。如此一来，他在舆论上也沦陷了。于是年级里几个不怀好意又摸清涛涛底细的同学，常会借着玩的名义把他推来搡去，甚至把他拉到某个角落欺负一顿。这一切，加剧了涛涛的卑怯，让他在不甘孤独却又无力与人友善相处的两条平行线上做惯性运动，在打闹—挨打—挨批—继续打闹的怪圈里循环往复，如同鲁迅笔下那些个可怜可悲可叹又可恨的小人物。

在涛涛又一次挨打却被指认是过错方后，我与他展开了一次对话：

"知道画蛇添足的故事吧？"

"知道啊。"

"生活中也有太多这样的故事在上演呢，姑且称之为'新画蛇添足'吧。"

涛涛莫名其妙地看着我。

我继续："比如有这样一个故事：一个女人控告邻居闯入她的房子并强暴了她。'你试图努力抗拒吗？'男方辩护律师问。'是的，我还使劲踢他打他，猛力抓他头发。'结果，女人败诉了，因为那男的是个秃子。你看，即便这个女人百分之九十九的陈述都真实，只因多渲染了那么一点点，结果造成全盘失败，这何尝不是新版画蛇添足呢？"我要让涛涛明白为何他受伤后还会陷入尴尬和被动的局面。

涛涛这才恍然大悟，"哦"了一声。

"以前挨打时，都没还手？"我追问。

"上幼儿园时，有一次不小心撞到了一位小朋友，结果他用小凳子砸我，于是我就与他打起来。结果回家后爸爸狠狠地打了我，说'我让你再打让你再打'。"涛涛边描述边模仿爸爸当时的模样。父亲的忍让教导政策原想调教出一个不打架的"乖孩子"，殊不知当忍让与尊严难两全时，必须靠自己的勇气和智慧赢回尊严，无原则的忍让只会令孩子陷入怯懦的阴霾里，并有可能一生卑怯。

"也没告诉老师？"

"以前会告诉老师的，但老师说是我自己招惹的，'可怜之人必有可恨之处'，让我多多反省，然后我就不再告诉了。"我们的教育太多时候过于简单化，但教育的意义不在于简单地评判对错，而是引导孩子智慧地把握方式和分寸。

挨打后的败诉，让涛涛产生更深的自卑感和无助感。一个人在无助时，不是走向无望便是走向无赖。我希望学生拥有善良、忍让、大度的美德，但我更希望他们拥有强大的力量，那种运用智慧巧妙解决问题的力量，只有依赖这种力量才能维护自己的权利又不悖于道德标尺。

"涛涛，如果你受到了伤害，而对方并非故意，你的忍让说明你大度；如果对方是故意挑衅，你就要用勇气和智慧赢回自己的尊严。当然，前提是不主动招惹他人也不歪曲事实。"对他，我需要直截了当。"关于后者，我愿意帮你处理，但我最多只能帮三年，而且这三年里你有太多时候不在我的视线之内。在我的视线之外，你依然要独立面对这个问题。"有些阴霾，必须由他自己去穿越，否则，他将一生缺钙。犹太哲学家马丁·布伯说过一句名言："你必须自己开始。"这才是真正的开始。

良久，涛涛才嗫嚅道："我自己试试看吧。"

一段时期内，风平浪静。

终于有一次，当那位常欺负涛涛的陆姓同学再次把他关在厕所里踢打时，涛涛不知哪来的力量，扑上去抱住对方的大腿狠命地咬，如同千年老鳖，不打雷是不松口的，任凭对方雨点般的拳头落到他身上，这招撒手锏让涛涛暂时获得阶段性胜利。陆姓同学猝不及防，觉得自己吃亏了，心有不甘，便把涛涛扭送到我面前，让我为他报仇。他以为会重复之前的故事，在处于舆论劣势的涛涛面前，可以凭自己的伶牙俐齿取得最后的胜利。

"我是跟他玩玩的。"陆姓同学反复这样替自己辩解。他的潜台词是：我没有主观过错，不用负责任，倒是涛涛咬了我，我得讨说法。

我深知，涛涛固然人格不健全，陆姓同学其实更需要精神输血。

凭着自己在年级学生面前的威信，我相信我能说服陆姓同学，让他也接受一次洗礼。"如果你对别人造成了伤害，即便不是出于主观故意，你都有诚心道歉的义务，但没有要求别人必须原谅的权利；至于别人原谅了你，那是人家大度。当然，如果是主观故意，你不但要诚心道歉，还要负首要责任。你把涛涛推进厕所踢打的行为，教导处会认为是故意还是无意？"我语气淡淡的，言辞却切中肯綮。陆姓同学虽然心有不甘，但因为担心节外生枝，便沉默。

我继续说："当我们错了时，可以测试我们的勇气；当我们对了时，可以测试我们的宽容。"有了这样的台阶，陆姓同学开口了："对不起啊，我一开始是想跟你玩的。"涛涛没想到对方先开口道歉，赶紧借坡下驴："我也不好，不该咬你。"这起事件的共同经历，让涛涛和陆姓同学各自有了不同的收获。

"涛涛，今天你实事求是地描述了这件事，没夸大没缩小没歪曲，这是勇敢的第一步；你用自己的方式保护了自己，这是勇敢的第二步。当然，你选择咬人的方式，我担心对方受伤不轻……"没等我说完，涛涛马上说："我陪他去医院检查一下，不过，老师，能不能由你来跟我爸爸说明这件事，否则他要打我的。"我爽快应允。临走时，涛涛一句"还好，我没被小狗咬过，否则要打狂犬疫苗"把我给逗乐了。

这件事成了涛涛的一个转折点，他的生活中多了欢笑，有如阴霾数日后的朗日当空。安全感，只是第一步，涛涛需要向着"我也是他人的环境"进发。于是，我继续为他支招，比如在《家校联系本》上经常性地反映班级的好人好事好现象，然后由我广而播之。

爱出者爱返，渐渐地，同学们对涛涛的暗中褒奖之举感激不已，慢慢接纳了他，甚至他的同桌还回写道："做涛涛的同桌真是幸运，借东西，找涛涛。"生活就是这样，当你向别人表达善意时也是为自己储蓄幸福。

让学生先保护好自己，然后好好做自己。既为自己赢得良好环境，也让自己成为他人的良好环境，这不只是教育的远见，更是教育的智慧。

"我也是一块发光体"——唤醒学生心灵深处的自信

禅宗里有一个动人的故事：佛陀将手帕打了个节，问："我现在左右拉动手帕，都不能解开这个结，到底要怎样才能解开呢？"阿难说："要想解开这个结，应该从结心着手。"一切结，都应该从结心开始。

涛涛的结心，是自卑，这是他的心结也是他的心劫。自卑，是精神上的自我矮化和自虐，终会使人选择以匍匐的方式前进。人的行走姿势，是昂首还是匍匐，决定了他的人生高度。如果说"战争的艺术就是在某一点上集中最大优势兵力"（拿破仑语），那么教育的艺术就是在自信这个点上集中最大优势兵力，然后全力以赴去突破。

涛涛是外来务工人员子女，这个群体的孩子普遍对"民工子女""农民工""外地户籍"等字眼很敏感，我得小心翼翼地帮他们拔除这棵隐形的"稗草"。为此，我精心设计了一项活动，请外地生用方言说一句话或讲一个笑话，其他同学来猜测。高潮出现在涛涛用自己的家乡方言为《简·爱》的经典片段配音，方言的喜感加上涛涛的结巴，笑果显著，让人捧腹，而且悄然间淡化了民工子女对户籍地的敏感和自卑，包括涛涛。

涛涛讲话有些结巴，他越想表达好就越是着急，越着急就越结巴了。深知"暗示"有着强大的力量，在涛涛又一次替生病的同学做好值日后，我奖给他一颗话梅糖，并说："只要吃下这颗话梅糖，再照着老师教的方法练习，话会说得越来越流利。"后来，话梅糖果然"有效"，他的语言真的流利起来，他也更愿意与我对话了。

教育，存在于心灵距离最短的时刻。后来，他会主动找我谈心，对我敞开心扉，诉说成长的烦恼和成长的秘密，我则耐心倾听，遇物而诲，相机而教。涛涛原本接近干枯的自信犹如找到了水源，渐渐恢复了绿色，并逐渐生动起来。

涛涛的自信开始觉醒，但他更需要"看见"自己的力量。我深知班级是一片"森林"，如果"森林"青翠葱茏，"气候"清新宜人，那么生长于其中的"植物"便会释放出醉人的"馨香"和盎然的"绿意"。为此，我努力创设更多的平台，让学生有更多平等的机会自由参与并从中获得认同，实现高水平的差异化发展，让各种丰富的生命都能和谐地生长于一个生态环境中。

依据"人性中最深切的心理动机，是被人赏识的渴望"，班级创造性地设置了"星光灿烂"奖，并确定了尽责、劳动、服务、两操、进步等20项星星，每月一评，张贴获评者的五寸照，并为其量身定制"颁奖词"，无疑是班级的月度精神史诗。这大大激发了同学们的热情，他们对本职工作是如此投入，一如米开朗琪罗在画画，一如莎士比亚在写诗，一如贝多芬在作曲。

涛涛为了争取成为"劳动之星"而铆足了力：每次倒完垃圾都将垃圾筒里里外外洗一遍；特意将背投下那堆杂乱的电线理齐并扎好，以方便同学打扫；每次课间都像巡逻员似的在教室里走来走去，看到垃圾就捡起……涛涛通过不断地"零存"，最终可以"整取"了，如愿当选，并获得这样一份颁奖词："垃圾看到他都怕，是卫生获赞专业户，如果他的个人卫生也能这样收拾，那就无可挑剔了。"委婉诙谐的颁奖词，以奖为主线，以励为目标，一步步"指引"着涛涛向更美好的方向进取。

由于"星光灿烂"每月一评，许多"星星"将被后继者取而代之，如何让那份灿烂不至于转瞬即逝？班级又设置了"成长足迹"，用于记载光辉印记，凡有荣誉斩获，或是奖项获得，都将被一一记载其中。这样，每个同学的辉煌都被源源不断地载入他的个人"史册"。

涛涛越来越多的成长在我的关注目光之外：无论是校园内还是马路上，他看到垃圾都会拣起；他特意为班级购买了七彩抹布，不只有助于清洁，更为班级增添了一道色彩；每次大扫除总见他拿着钢丝球和铲子清除包干区，而这并不是他的本职工作……涛涛就是这样为自己不断"充值"的，于是他的"史册"上的内容越发丰富起来，而这又进一步激发了他的热情，由此产生了教育的循环"经济"效应。

我们还匠心独运地开辟了教室外墙，这面长6米高0.9米的墙壁是名副其实的班级乐章，分"人物篇""作品篇""学科篇""趣闻篇""时事篇""活动篇"等六个篇章，每周一换，既是知识的超市，更是每位班级成员的个人展区。因为"人物篇"展示的不仅有学科教师，还有部分家长，更有全体同学；展出的不仅有来自班级成员的寄语和评语，更有他们的作品和照片等代表个人精神符号的具象事物。于是，每个孩子都将拥有自己的个人专题大片，在这部大片里，他（她）是绝对的主角。

就这样，教室到处都是画布，都是美感建立的起点，并在美感中流淌出质感，这对心灵有种净化和催化作用，于无声处唤醒自信的力量，这种力量，就在每个人内心的灯火阑珊处。如今，班级同学包括涛涛在内有了更丰沛的自信，这种自信中有着丰富的钙质。

"我有能力改变"——播下一颗愿力无边的种子

很多人在付出努力而看不到进步之后，便开始怀疑努力与成功的关系，进而怀疑自己的能力，认为自己不行，最后果真不行。在精神上给自己设了限，才是真正无法逾越的障碍，当一个人退到不愿超越自我的界限时，就会生出许多借口。

涛涛也尝试过努力学习，但持续的时间太短，仅仅停留于开学头三天，之后的表现便一溃千里。他总能找到逃避学习的借口或障眼法，诸如：系鞋带、找东西、转书本、玩笔、喝水、起身扔垃圾或是去接水，有时还站起来拎裤子，上课铃响的一刹那才飞奔去厕所……

课堂上，还常常会上演这样的短剧——"涛涛，听写了"，科任老师提醒道。"哦"，他应声后便开始翻找抽屉，做出找本子的样子。老师耐心地等待一会儿，半晌，未见实质性的进展，再次催促："怎么还没准备好？""马上就好。"涛涛利索地回应。如果老师失去耐心，选择放弃，他便成功躲过；如果老师不依不饶，他也就硬着头皮抽出一本皱巴巴的本子，装模作样地向同桌打听："刚才老师报什么？"

涛涛成绩（常驻年级最后）一直让他本人和他身边的人苦恼不已。学生时代，如果不能正视学习，他将离幸福生活很遥远。

"学习有什么用？什么代数，我又不搞数学研究！还有英语，我又不出国！"他诉说着心中的疑惑，夹杂着不满。

"涛涛，对于大多数学生来说，今天的学习不是为了明天进一步的专业研究。"

"那干吗还要我们学习？"

"学习不只是为了获得知识，更是为了借助这个过程锻炼某些能力，培育某些素质，以便能更好地解决现在或将来会遇到的大量的非知识性问题。"

"社会上不是有很多人没文化照样获得成功吗？"

"是的，学习与成功没有必然的关系，但它可以大大提升成功的概率。它可以帮助我们更好地面对众多的行业，更好地适应陌生的领域，从而让自己拥有更多的选择权利。"

"其实我也想学好，可我真的听不懂。"他的眼里闪现着一种无奈与痛苦，我深信他那句"我也想学好"是发自内心的，关键的问题在于"真的听不懂"。因为"真的听不懂"，上课对他而言是一种煎熬，而人对痛苦总是本能地逃避，所以他总是做一些与学习不相干的事。

"有位哲人问他的弟子这样一个问题——如何除掉旷野上的杂草。你会怎么解答？"

"用手拔……哦，不对，用镰刀割……也不对，用火烧……"他认真思考并一一排查自己的答案。

我公布苏格拉底的答案："种上庄稼。"

他恍悟："老师，我知道你的意思了，上课时，我应该做一些与学习有关的事。可是除了语文、社会和体育，其他的课我一点都听不懂。能不能这样，能听懂的就认真听，不能听懂的就让我抄写或是看书或是做作业？"

我点头应允。古人云："能举七十斤者，举百斤则蹶，举五十斤则运掉自如。"诚不谬哉！但是，纯由涛涛的意志力去面对一场一个人的战争，对他而言无疑是一件煎熬的事，很容易让他退回到原点。于是，我决定加入他的队伍。

我首先建议涛涛去借阅班级藏书（每带一届学生，我都会根据班级人数购买一套中华书局出版的国学丛书，待他们毕业时可自行选取一本作为纪念礼），并将自己订的《读者》给他阅读，还在其中顺手夹上一张精心制作的书签，上面有一句"读书的厚度决定人生的高度"。开始，涛涛并不感兴趣，但《读者》中的幽默故事点燃了他阅读的热情，看完幽默故事，他也会顺手翻看其他内容。而我也经常与他交流书中的故事，让他的热情不至熄灭。

书籍，让心灵拥有了栖息之地，有了这块栖息地，涛涛在课堂上不再显得那么突兀。而涛涛的注意力在一定程度上转移到了阅读上，就不会因为无事而生非了。渐渐地，阅读让他收获了一些精神上的愉悦和充实，而愉悦感本身无疑是具有魅力的奖品。所以，很多时候，涛涛兀自认真地看书，像一个休止符，静静地安放在座位上。

为让涛涛对学科学习产生一点兴趣，我经常性地与科任教师商讨可行的通道。比如，当涛涛回答出一个问题时，奖励他帮语文老师批阅古诗词的默写，当他将全班的本子批下来时，古诗词也已背得滚瓜烂熟；当涛涛很好地完成一项任务后，奖励由他来抄写精题到小黑板上，或是由他来抱作业本……渐渐地，效果显现出来，虽然他对学习一如既往地没有兴趣，但不再消极躲避，有时还会主动问问题。

一次，我布置了作业后，涛涛马上问："老师，这道选做题要不要做？""不做也行，做了更好。""那我还是选更好吧。"师生相视一笑。这是一种积极、主动和成长的诉求，也是一种美丽的期许。

临近期终学能测试，涛涛跑来找我："老师，现在同学们都忙着复习，我不好意思一遍一遍找组长背诵，能不能到你这儿来背？"当然可以。

考试前几天，他来讨教应考宝典，说是不想做最后一名，这让我看到了一颗不屈的心。但考试哪有宝典，功在平时才是真正的绝招。不过，面对底子如此之薄的涛涛，我选择"面授机宜"。

"选择题如果没有把握，通通选 B，这样综合起来有 25% 的正确率。"这招难度系数低，涛涛听了点头如捣蒜。

数学和科学，纯属客观题，对错界限太分明，感情分在这里不起作用，暂且不表。

"至于语文，作文不能空着。"这让涛涛大吃一惊，悄声提醒我他打小学起就没写过作文。我焉能不知，至今还清晰地记得他的语文入学测试为 6 分（满分为 100 分）。"加一个副标题，这样就有了两行字，正文部分其实如同你我的谈话，把说的写出来即是，要多分段落，这样可以多出好几行字，总之要全力达到字数。"直说得涛涛一愣一愣的。

"英语，是你的'强项'，因为选择题多，得分概率就大。至于作文，从阅读题中选几段看着顺眼的抄下便是。"

成绩最后的几名学生，彼此实力其实是相当的，都无限接近于零，他们的考试成绩全凭不放弃的态度外加一点好运气。对于底子一穷二白的涛涛，我只能传授一招通吃的技巧，但这显然胜过空洞说教或坐视不理，至少这是一种面对的态度而不是逃避，更不是放弃。

考试当天，我送给涛涛一张新的自制书签，写了一句："答卷如人生，可以有错误，但不要一片空白。"考试的最终结果是，涛涛的语文破天荒地考了 67 分，英语 33 分(我看过试卷，作文得了 4 分，并有阅卷老师的评语——离题了)，数学和科学依然没有突破 30 分，但足以让长驻年级最后一名的涛涛超过了十几个人，初战告捷。胡适说："成功不必在我，而功力必不唐捐。"岂是虚言？事后，他对我说："老师，谢谢你，因为你，我意识到我有能力改变。"身为教师，本应做学生的人生导师，而不是过客。

尝到甜头的涛涛对作业的态度也积极起来，总会从书本上摘抄他觉得比较顺眼的字句或段落，虽然很多时候离题千里，但这种不放弃的姿态让所有人都备感欣慰。每次科学课前，他都会跑到科任教师那里，希望能帮忙搬器材。一次，得知要做发动机实验，他特意买了几条吸铁石（其实实验室里有）。

涛涛何尝不是给我上了生动一课？纵令落后，依然驶而不息；纵令失败，依旧志如司南。

"我很重要"——让学生找回失落的价值感

人犹植物，需要强根固本。价值感是一个人的根，被需要是一个人的本。这些因子一旦被激活，将在电光火石的那个瞬间蕴育出无限生命力，让人渴求强大以便担当。

涛涛坐在第一排，离讲台最近，于是，我经常在课间发布征集令——谁借我红笔？马上会有无数只笔递过来，而涛涛因为地利优势意料之中地成为最快之一。不过有个细节值得一提，他会细心地拧下笔盖后再递给我，速度之快让人怀疑他是不是专门候着的。借红笔，是让涛涛体会到自身价值的最短路径，也是让关注悄然不留痕的最佳方式。

接受，是另一种方式的给予，借红笔可以让我的目光自然而然地投射到涛涛身上。而老师的目光如阳光，一落到学生心灵的枝头，那些枝叶便生机盎然起来。涛涛对我的善意和热情日渐蓬勃起来。我的眼睛虽不是相机，但可以定格那些有颜色有温度的画面：

他每天都会带一个苹果给我，细心的他在递给我之前还不忘在衣服上擦几下；偶尔，他也会带玉米刀切、包子之类的早餐，装在袋子里挂在我办公室的门把手上；春游和秋游时，他会带上哨子，只是希望我在召集同学时不致太费嗓子；一个雨天，他跑过来为我撑伞，说是顺路，其实他家在相反的方向；又一个雨天，我刚出办公室的门，便收到他急急打来的电话，让我千万别走秋涛路，那里有多处积水而且有些深……

礼尚往来，我也会买几本书或是其他小物件作为回赠。在这些来往之间，我与涛涛建立了信赖关系。

一个偶然的机会，我惊讶地发现涛涛的抽屉简直是微型五金店，小锯子、扳手、榔头、钉子、铁丝，一应俱全。对此，他不太好意思地解释道："我的理想是当一名木匠。"神情羞羞怯怯，似乎觉得自己的理想不够豪壮。孩子，理想固然有大有小，但如果是发自内心的，不论是在他人看来多么卑微的志向，都有其非凡的意义。

我从不急着把学生塑造成什么，而是先观察他可能成为什么，并倾听他希望成为什么。涛涛喜欢手工制作，又希望"当一名木匠"，兴趣与志向相一致。我尊重他的成长方式，并顺性挖潜，问他愿不愿意帮同学们修理松动的桌椅。"OK"，他甩了个响指后就去巡查了，一张一张地检查过去，一发现有松动的就用他的家什修理好。

一个人被需要的心理诉求一旦得到满足，价值感一旦得以确立，成长的渴望便会无比强烈，其主动性和创造性便会像火山爆发时的岩浆一般喷薄而出。涛涛在一个平凡的日子带来一件作品——专用于放黑板擦的盒子，盒子用木片作框架，用铜丝来回穿插成网状，以方便粉笔灰掉落，虽不是很养眼但很实用。他说他发现班级的黑板擦总会将讲台弄脏，所以想用自己的双手来帮班级解决这个问题，他还说他的创作灵感来自蚊香盘，当然在形状上作了突破。他说得似乎很轻巧，但语气中掩饰不住地流露出自豪与兴奋。

不过，这个作品很快暴露了它的设计缺陷，由于两端没有封住，风一吹动，里面的粉笔灰又会飘散到讲台上。涛涛看在眼里，马上进行改良，第二天就拿来了改良后的作品——新的黑板擦盒两端已牢牢封好，只是铜丝的端头还留在外部，如同一根倒刺，终于有一天扎到了粗心的我。涛涛再次进行了改良，用一张厚厚的包装纸将盒子包起来，以保证安全。而且细心的涛涛这一次改用了铁丝，理由是铜丝太脆，易断。涛涛似乎对此还是不满意，认为不够美观，希望我能与他合作，他负责制作我负责包装。成交！于是诞生了终极版作品。我特意选用了绿色包装纸，一是与班级窗帘色调一致，二是绿色最养眼。

从此，班级的讲台一尘不染，那个盒子也成了一抹鲜亮的点缀，如同一处细微却生动的风景。涛涛对这个盒子的呵护不可谓不精心，有如《小王子》中那位小王子对他的玫瑰的悉心呵护。尽管小王子后来得知那只是一朵普通的花，但在他眼里仍是独一无二的。"正因为你为你的玫瑰花费了时间，这才使你的玫瑰变得如此重要。"那只被小王子驯服的狐狸一语道破其中的奥秘。人同此心，心同此理，因为付出所以爱，因为爱所以付出得更多。这个盒子，犹如那件"狄德罗睡袍"，让涛涛追求越来越多的美好，以与这件睡袍相配套。

　　涛涛的待人热情如同温度计受热般上升，无论见到哪位老师都会无比响亮地打招呼，就像一段欢愉的歌词嵌在节奏感很强的旋律里，全然不见了先前的卑怯。许多不认识他的老师受了这般礼遇后有点受宠若惊，纷纷地打听这是哪个班的孩子。涛涛一时成了校园的知名人物。

　　涛涛的制作热情如同带火星的木条放进了氧气丰沛的集气瓶，剧烈燃烧起来。他后来又制作了好多个黑板擦盒送给别的班级，于是更多人感念他的好。他几乎每天都会做竹蜻蜓、小车子之类的小制作，送给老师，送给同学，送给我家孩子。大家收到涛涛的小礼物，自然夸他好，尤其是我家孩子，每天都要无数次地追问"涛涛哥哥呢"。涛涛的种种，如同一枚枚美丽的戳印，带着美好的记忆，永远存留在我们的心里。

　　后来，涛涛设计制作的黑板擦盒被选送到区里参加小制作评比，并以其实用性胜出，最终获得一等奖。这更坚定了涛涛当一个木匠的信念与决心。对此，我真诚地送上寄语："人是因为有理想而了不起，不是因为了不起才有理想，今后不论遇到怎样的境遇，都不要让梦想褪色，让理想搁浅。"对此，涛涛无比认真地回复："我以前认为自己什么事也做不成，现在我有了信心，只要我自己想要，然后去努力，我也可以成功，我再也不会小看自己。"

　　涛涛的眼睛越来越有神采。如果说眼睛是心灵的窗户，那么心灵便是眼睛的内景。涛涛明亮的眼眸，折射出的是他阳光充足的内心。一个人的价值感一旦被激活，他便开始为自己奔跑，不论路边有没有掌声。

因此，对起点很低的学生，重要的不是施予同情，而是为他找回失落的价值感，帮助他变得强大，这才是一个教师最大的善。

把学生唤醒，让他们发现自己，然后做更好的自己，这就是我的教育"秘诀"。

教育，要让学生追慕美好。当青胜于蓝时，才是世间最动人的景致。

教师，当与学生一起追慕美好。这样的教育人生，才会熠熠生辉。

郑立平

北京师范大学青岛附属学校教师,特级教师,齐鲁名师,全国十佳班主任,山东省十大创新班主任,山东省教师远程研修课程专家,山东省班主任培训工作专家,中国关工委青少年教育发展中心特聘专家,教育部知行中国班主任国培特聘专家。已出版《激情问梦》《把班级还给学生》《教师必须掌握的教育惩戒艺术》等个人著作14部。事迹在《中国教育报》《教师博览》《师道》等20多家报刊有专门报道。

班主任，活出你的精彩

"知之者不如乐之者，乐之者不如好之者。"做了 24 年的教师，当了 24 年的班主任，我用自己的热情、爱心和智慧在学生的精神世界里有滋有味地耕耘、播种、收获，成就着一批批的学生，也成就了自己和自己的事业。"做自己喜欢的事，就快乐；喜欢自己做的事，就幸福。只要你有心，在班主任这片平凡而美丽的土地上，到处都能种出最灿烂的花朵，收获最香甜的果实。"这是我的真实心得。

我以为，浮躁忙乱的生活不值得赞扬，消极灰暗的人生也不应该成为学生的榜样。班主任要引领学生创造精彩的未来，就必须活出自己的精彩。

"管"与"理"有机融合，品尝着思考的乐趣

在许多人的头脑中，班主任就是忙、累、烦的代名词，缺少自由，毫无乐趣。诚然，谁都不会否认班主任工作的辛苦，我们的悲哀也正产生于此。跟跑操、搞卫生、填表格、看纪律、查晚睡……从早到晚跟着学生团团转，以至于把这个本来以做思想工作、精神关怀为主要任务的职业，变成了应付没完没了

的事务、靠体力打拼的舞台。

但是在我看来，造成这种尴尬局面的主要原因，不在于工作的繁重，而在于内心的焦虑和挣扎。班主任工作不能只靠身体机械地忙碌，更要用心去欣赏、去体验、去思考。因为班级管理的艺术，更多地体现在调整、谋划、经营上。所以，班级管理既要有管，更要有理；而能否巧妙地处理"管"与"理"的关系，是衡量一个班主任是否优秀的重要标志。"管"就是要求、规范、约束、评判、督促；"理"就是思考、研究、尝试、引导、完善，进而升华为感染、熏陶、激励、唤醒、鼓舞。同时，"理"还包含协调、理顺和理性的意思。协调，是指对不合适的工作制度、措施、方法等要及时调整，而合适的，则要继续推广、继续深化、发扬光大；理顺指的是理顺思想，理顺情绪，理顺关系，理顺思路；理性，就是要有科学意识，按教育规律办事，班主任无论对待工作中的什么事都要有分寸，有科学的思维。"管"的侧重点在依靠权威推动别人，而"理"的侧重点在依靠思考改变自己。"管"体现着班主任的态度和魄力，决定着工作的广度和宽度；而"理"体现着班主任的智慧和能力，决定着工作的深度和高度。一个优秀的班主任，要追求"管"与"理"的有机融合。缺少了"理"，班主任的工作就失去了魅力和乐趣。

面对家长、社会越来越高的要求和越来越难约束的学生，现在有很多人不愿意当班主任。然而24年来，我一直激情飞扬，对班主任工作情有独钟，即使在长期担任学校中层领导的同时也一直兼任班主任。我思考着，创新着，也努力追求着"管"的水平、"理"的境界。为提高自己的专业素养，我建立了自己的德育故事库、学生案例库、管理方法库和活动素材库；为给学生营造一个宽松、和谐的教育环境，我和孩子们一起创班歌、定班训、议目标、出班报，"自信演讲"使学生们每天都拥抱希望，"文明论坛"推动着学生身心的健康成长，"每日宣誓"把感恩和执著深深刻在学生的心房；为形成育人合力，我把家长会做成了内容精彩丰富的精神"大餐"，变成提升家长理念的培训会、解决家校教育实际问题的研讨会、体验成功喜悦的表彰会、触动心灵感悟的感恩会；

担忧学生们在休息日及假期中的教育"空白",我从2004年起就创造性地建立了班级QQ群,和家长、学生在网上快乐交流,对学生及时进行督促和鼓励……

例如,已经被全国很多班主任效仿的"给班干部发聘任书",就是我在实际工作中经过慎重思考后采取的创新举措。

每次的聘任书,我都亲手制作,很是精美。聘任书里面用鲜花彩框镶边,中间是任命书:"××同学,鉴于你为人正直、认真干练、善于自律、积极进取,既有一定的组织和管理能力,又有很强的责任心和集体荣誉感,经过老师和同学们认真协商,特聘任你为幸福七三班××(职务)。望不负重望,勇于承担,用实际行动证明自己。"落款是"幸福七三班班委会"和我的亲笔签名。聘任书的封面正中是一个昂首冲刺的运动员图案,象征着对班干部的期待。聘书的封底上印着我特别请校长给学生写的寄语,以及我对学生的殷切期望,下面则是全体科任教师和同学的签字。

聘任书的颁发自然也是很隆重的,邀请了全体家长参加。在装饰一新的教室里,我用激情洋溢的语言宣读每一张聘任书的内容,随后,伴随着充满激情的音乐,班干部们惊喜地从颁发嘉宾手中接过聘书,然后转交给父母,父母高兴地在聘任书上写下对孩子的期望。而最后的班委会成员的集体宣誓,则把仪式推向了高潮。

我认为,在学生的一生中,总会有一些东西难以忘记。这些东西既是他们动力的源泉,又是成长的见证。当班干部们在父母、老师的期待与同学的羡慕中双手接过饱含父母、老师、同学的信任与期待的聘书时,心中一定会产生一种蓬勃向上的力量。

再如,"绿色惩戒制度"的建构,历经了五年的尝试、筹划、改进,进而在思考和实践中不断完善。

谁都知道:有教育就会有批评,有惩戒。但是,如何对学生进行批评和惩戒,却需要班主任的智慧和艺术。我认为,无论什么样的惩戒措施,目的都在于让学生真正认识到犯错误后应该承担责任，逐渐形成良好的行为习惯和法纪观念，从而使文明、责任、合作的意识真正深入学生心中。为了达到这一目的，我"发明"了"惩戒自选单"，学生犯了错误，自己从"惩戒自选单"中选择一项"惩罚作业"去完成。师生共同协商制定的惩戒制度，就好像班级的"刑法"，里面比较详细地规定了什么样的错误要受到什么样的惩罚。而这样的惩戒，是在学生接受和认可的基础上产生的，避免了学生心理上的排斥和抵触。如果犯了错误，就是对班级制度的违背和破坏，应受什么样的惩罚，学生是清楚的，班主任或班委只是监督惩戒的执行而已，不会演化为师生的直接对立和冲突。

后来，我又作了进一步的完善，逐步使惩戒措施弹性化，针对同样的错误设置多种惩戒的方法，学生可以根据自己的情况灵活选择。比如，犯了和同学吵架的错误后，可以选择公开向对方道歉，也可以选择为班级做一周的值日以示反悔，还可以作一次"文明行为习惯"的演讲或来一次"长跑醒悟锻炼"并写出自己的心理感受，等等。这样的惩戒，既保持了惩戒本身的警示意义，又充分体现了对学生的尊重，逐渐被很多老师和学校推广。

我是带着梦踏上讲台的，庆幸的是"思考的乐趣"让梦想在24年的平凡生活中依然燃烧。或许别人很难理解我对班主任工作的这种傻傻的"自得其乐"，但我正是在不断地接近它、喜欢它、琢磨它、欣赏它的过程中品尝着欢乐，感受着自身的成长。如果说我是一个追梦者，那么"思考"就是我终身的伴侣，它使我在班主任工作中既仰望星空，又脚踏大地。

规划和执行齐抓，体味着成长的快乐

借鉴许多名师成长的经验，我给自己的40年教育人生设计了八个"五年计划"，比较清晰地勾画出了每个阶段的追求和任务。

郑立平教育人生"八五计划"			
发展规划	阶段特征	事业追求	主要任务
第一个五年计划	模仿与创新阶段	定位	正确认识自我,确立职业方向
第二个五年计划	创新与徘徊阶段	立足	扎根教育教学,获得环境认可
第三个五年计划	徘徊与突破阶段	出色	注重创新开拓,拿出优异业绩
第四个五年计划	突破与成熟阶段	成功	提升专业能力,自信面对工作
第五个五年计划	成熟与升华阶段	拓展	丰富教学艺术,寻求理论创新
第六个五年计划	升华与充实阶段	收获	提炼成长经验,形成教育思想
第七个五年计划	充实与超越阶段	新生	快乐读书学习,坚守教育梦想
第八个五年计划	超越与沉醉阶段	完美	享受精神富足,追求幸福人生

回想自己的成长,从21岁大学毕业初涉教坛,到2005年尝试着著书立说、各地讲学,2006年被评为"山东省十大创新班主任",2007年参加教育部组织的"全国首届骨干班主任培训班",2008年被聘为山东省班主任培训工作专家,2009年入选齐鲁名师建设工程,同年创立全国(民间)班主任成长研究会,发展成聚集全国28个省的1000多名优秀教师、被近20家教育媒体积极关注的民间学术组织;再到2010年成为山东省比较年轻的特级教师,2014年出版自己的第16部著作……可以说,基本上都是按照自己的发展规划,在一路辛苦一路欢歌中昂首走来。

按照规划,我现在处于第五阶段,即成熟与升华阶段。这一阶段主要有四个方面的工作:一是实现从追求"知识传递"到关注"生命成长"的思维转变;二是实现从追求"生存自由"到建立"职业信仰"的精神转变;三是实现从追求"个人专业成长"到引领"团队专业发展"的行为转变;四是实现从追求"成名成家"到创造"教育幸福"的价值转变,争取成为真正的教育名师。我享受这种奔跑的快乐。

"吾十有五而志于学,三十而立,四十而不惑,五十而知天命,六十而耳顺，七十而从心所欲不逾矩。""发愤忘食，乐以忘忧，不知老之将至云尔。"圣人特别推崇的这种"活到老，学到老"的精神，实际上就是一种强烈的自我发展生成的状态。众多的成功者一再告诉我们，不管处于什么样的环境之中，如果你有一种强烈的自我进取、自我发展的成长状态，你就会主动地把环境的压力转化成发展的动力，不断地学习，不断地吸纳，不断地积聚能力，不断地增值。"本立而道生"，到一定时候，你就会水到渠成般地发出光芒。沿着童年的梦想一步步走来，不知还要走多远，但我坚信，我正一步步逼近我的蓝天。

智慧和爱心齐飞，追求着管理的科学

许多人谈到做班主任工作，开口闭口都是一个字——"爱"，好像爱真的能解决一切教育问题。我却不以为然，24年的教育教学实践告诉我：没有爱就没有教育，但教育并不仅仅需要爱；没有爱是苍白的教育，而没有智慧则是愚昧的教育。就如溺爱孩子的父母，收获的却是苦的果实。缺少了智慧，往往事倍功半，达不到良好的教育效果。

长期以来，班主任工作的科学性经常被漠视和遗忘，而所谓"手勤、腿勤、眼勤、嘴勤"的"四勤"一直都是优秀班主任的评价标准。于是乎，大多数班主任就像一头总在低着头拉车的老黄牛，我们看不到他学习、思考，也看不到他和学生的沟通交流，没有因材施教、循循善诱，更谈不上什么追求效益，讲究智慧。与改革开放以来我国的经济发展相类似，我们的班主任工作也走了一条"粗放型"道路，并呈现出四大特点：一是高消耗——班主任和学生时间投入量极大；二是低产出——班主任和学生发展不全面、不健康；三是粗放式——对学生的管理、班级文化的培育、班级发展目标的达成，不全面、不到位、不科学；四是鄙视科学——班级教育的科学精神极其匮乏，对班集体和学生的发展规划缺乏辩证思维、科学思维。

例如，大家通常不在意的新生开学，其实就可以做得丰富而精彩。良好的开学工作是班主任良好教育的开始，更是班级工作的良好开端。我主张，开学伊始，班主任要和学生"一见钟情"。

即使最厌学的孩子，在开学第一天也对新学期充满了希望和期待——想要获得成功，期望"今年一定要作出改变"，"今年我一定要从头开始"，渴望在开学第一天就能得到老师足够的关注。所以，开学第一天，班主任就要设法紧紧"抓"住学生的心，给学生以希望。

那么，如何才能够与学生"一见钟情"，抓住学生的心？

开学第一天，千万不要先填表格，再讲纪律，最后才去实现最重要的目标——激发学生对你和班级的兴趣。这是我给班主任的建议。

为了能够实现与学生"一见钟情"的目的，每学年的开学第一天，我都会以"家校联谊会"的形式"开场"。

为了开好联谊会，我事前会作精心的准备，就像准备一个盛典：

每年接到新生名单的那一刻，就是我新学年班级工作的开始。对每一个名字，我都会细心研究，从读音到含义，试图从中窥探到更多的讯息。实际上，学生的名字里往往寄托了家长太多的希望。当我们和学生交流时，如果用深情的语言解释出更美好的含义，常常会使学生备受感动。

在开学之前，我早已经从原来的老师、学生等处对绝大多数学生的家庭、学习等主要情况有了一个比较详细的认识。"知己知彼，百战不殆。"我相信自己一定可以走进学生的心里。就这样，在期待中熬过了开学前的日子。盼望着，盼望着，终于可以与孩子们见面了。

开学前一天上午，我开始拾掇、布置我们的教室。首先敞开门窗，新鲜空气争先恐后地涌进教室。因为封闭了一个假期，教室里还非常憋闷，可我顾不得这些，迅速地摆桌凳、抹桌面、擦玻璃、收垃圾、拖地面……一气呵成，早已经是大汗淋漓。紧接着，我擦干净黑板，在上面写下八个彩色大字："相聚三年，幸福一生！"我走到门口环顾四周，感觉还有些空荡，忽然想起，何不挂上我专门为春节晚会买的那六个红灯笼呢？我从办公室橱柜里拿来那六个宝贝，小心翼翼地踩着桌子，用胶纸均匀地粘贴在六盏日光灯的下侧。哇，真有些节日的气氛！

等我打印好为第二天准备的一些材料，把临时座次表和住宿安排表贴在门外时，已经接近中午了。喘口气，满意地看着自己的成果，我真想说："看，孩子们，这就是我们的教室！"

下午，我根据掌握的学生家庭信息，给住在学校附近的几个学生打了电话："小伟，祝贺你成为我们幸福三班的一员。我是你升级之后的新班主任郑老师，现在请你帮我一个忙，好吗？"或许是我的电话出乎小伟的意料，电话那头传来惊喜的声音："好，老师您说吧。""你离学校比较近，明天上午能否早一些到校，和我一起迎接我们班的同学和家长？"听到老师如此信任，小伟更加激动。于是，我"得寸进尺"："老师首先谢谢你。不过，我还想求你帮另一个忙。你去找找文浩、云亮、晓婷，他们也都在咱班。开学事情多，你们能否一块儿早到？"听到老师这样的恳请，谁也不好意思拒绝。于是，小伟高兴地报信去了。

晚上，在经过一番思考之后，我最终敲定了家校联谊会的流程，并制作了相应的课件，里面插入了不少我苦心搜集到的学生的照片，目的是想给家长和学生们一个惊喜。

我认为，家校联谊会实际上也是班主任与学生、家长的第一次见面会。借助这个机会，班主任也想给学生和家长留下深刻的印象，使学生和家长折服。因此，联谊会的形式和内容就不能落入俗套，无论是教室环境的布置、会议组织形式还是会议的内容，都要突出"新颖"二字，尽可能地让学生和家长产生"眼前一亮"的感觉。近年来，我在这第一次见面会上进行了很多创新：有时赠送孩子们每个人一本我自己的著作，让他们感受到最充分的自豪；有时给每人都发个红包，里面装上我对孩子们的真诚希望；有时来个谜语大会，让孩子们根据我的描述，一一猜出他们"变优秀了"的自己……

欣赏和敬畏并重，重塑专业的教师形象

我坚持认为，不丧失儿童般的纯洁、善良、天真之心，是班主任的一种必备素质。

"只有具有童心，我们才能以孩子的眼光看世界，才能站在孩子的角度上思考问题，才能蹲下来与孩子一起玩、一起乐，才能悄悄地走近孩子的心灵世界，倾听花开的声音。"我觉得，自己能够成为学生喜欢的班主任，在很大程度上得益于自己拥有一颗童心，也非常信奉这样一句话：人不可能永远处于儿童时代，但他却可以永远有一颗童心。

童心让我忘记了工作的烦恼，保持着快乐和激情，坚守着心灵的宁静。虽然已经44岁了，但是在学生面前，我时常像个大孩子。正是因为身上有着这种孩子气，使我更容易走近学生，走进学生的内心，当然，学生们也更容易亲近我、信任我、喜欢我，心甘情愿地接受我。

一个已经毕业的学生给我写信时，仍然"怀念""欣赏"我的孩子气："郑老师，有句话我一直想说，您最可爱的地方就是有时候童心未泯，显得比我们还年轻。忘不了您的天真烂漫，忘不了您的幽默傻笑，忘不了玩'剪子包袱锤'您输了之后背着我跑的情形……"以"像个孩子一样"的心态和学生打交道，让我受益无穷，也让我发现了寻找教育学生有效方法的秘密。

在我看来，班主任要有一种良好的心态，首先要学会欣赏，换句话说，要有一种欣赏的心态。只要有了欣赏的态度和眼光，就会发现生活和工作中值得自己欣赏的东西太多了——欣赏精彩的课堂，欣赏同事的成功，欣赏学生的进步，还要欣赏自己。我曾经反问一群参加培训的班主任老师："作为一位班主任，如果连自己都不欣赏，如何能够去欣赏学生、欣赏班主任工作？一个连自己都不欣赏的班主任，怎么可能有良好的心态？没有良好的心态，怎么会喜欢班主任工作？不喜欢的事情，又怎么能够投入？"

为什么有许多教师对自己的工作不满意,甚至产生厌倦?我认为,其中有客观的原因,同时也有主观的原因,那就是教师的心态出了问题。我认为,只要欣赏自己,也欣赏别人,怀着一颗感恩的心去工作,就一定会收获很多。当一个人以欣赏的心情去看一件事情,便会看到其中的许多优点;而当一个人以抱怨的心情去看同一件事情,则会看到无数缺点。

虽然清贫,但我们并不粗俗;虽然平凡,但我们并不平庸;虽然单调,但我们并不浮躁。我们每年都有几个月的时间可以自由安排,可以享受休闲、旅游的快乐,这对许多人来说,简直就是一种可望而不可即的奢求;课堂上,我们可以点燃智慧之火,激情飞扬,慷慨陈词,和学生一起探讨许多人生道理;办公之余,我们可以读书、思考、交流,甚至可以和孩子们一起到田野里玩到昏天黑地;我们可以亲眼目睹一个个学生的生命像花骨朵般一天天地生长、绽放、飘香,就像创世之初亲眼看到泥土露出生机一样欣喜与满足。

做班主任,我们有那么多机会可以思考、创新、实践。在班级这块"自留地"里"种植"自己的一些想法,更不是一般人所能享受的一种自由与幸福的创造。更为重要的是,我们能获得一样对生命最重要的东西——爱!不但是对学习和书本的爱,对各种知识和思想的爱,还有对学生的爱。这种爱,可以让我们的一生都萦绕着充实和幸福。

我敬畏自己的孩子们,唯恐庸俗的话语给他们造成误导,生怕错误的行为给他们带来伤害。即使面对犯错误的学生,我也常常在想:"如果我是孩子,现在会怎样呢?""如果是我的孩子,我会怎么处理呢?"也正因如此,我也收获着学生们的爱戴和尊重。

个人和团队同行,享受着教育的幸福

面对许多青年教师的消极倦怠,我看在眼里,急在心里。我能做什么呢?

2009年9月，民间班主任工作研究团体——"心语"全国班主任成长研究会应运而生了。我利用业余时间，带领老师们以网络为载体开展学习交流、心理疏导、专题研讨、读书交流、讲座汇报、写作共赏等丰富多彩、高效实用的活动，不仅吸引了28个省100多个地市的四五百名优秀教师的积极参与，而且还引起了《人民教育》《中国教师报》等20多家国内著名教育媒体的强烈关注。

无论天南还是地北，每一个教师在教育上遇到困难或需要帮助，都会牵动"心语"团队所有人的心，一个人的问题就是大家的问题。我们曾一起为困难学生捐资，我们曾一起给予困难教师援助，我们曾一起走进贫困地区无偿培训师资。无论何时，无论何地，无论忙闲与早晚，只要你有困难，"心语人"都会伸出热情的手，为你献计献策、排忧解难。每个"心语人"有了工作的欢乐，也会和大家一起分享，大家每天都被"喜事"感染着，一个人的幸福就变成了大家的幸福。当然，如果哪位在自己的班级管理或教育教学中有了成功的经验或是写出了得意的文章，也会毫无保留地在第一时间和大家进行交流、共享，一个人的智慧就变成了大家的智慧。在"心语人"走过的每一个地方，在"心语人"接触过的每一个人群中，都会洋溢着生命的激情，充满着对生活的热爱。

我们在全国第一个倡导并组织了以"幸福"为主题的教师研讨活动，我们第一个以民间团队的形式两次完成了中国教师研修网承担的教育部"知行中国"10万名班主任国培辅导任务，我们还第一个以自发自愿的形式掀起了纯民间教师团队的教育公益活动。几年来，我们已经利用寒暑假，走进了甘肃、河南、江苏、山西、陕西、贵州、河北、湖北和山东沾化、曲阜等地，每一次大型公益活动，都得到了与会领导和教师的强烈共鸣与高度赞誉。《人民教育》等10多家媒体对我们团队的发展进行过长篇推介。

几年来，我无偿给薄弱地区教师累计捐赠了价值五六万元的图书；几年来，我每年都帮助30多位青年教师订阅报刊；几年来，我无偿为薄弱地区讲课、作讲座40多场；几年来，我耐心回复教师求助来信380多封……看着众多教师的精神转变，听着他们快乐地讲述自己的教育故事，我喜在脸上，乐在心里。

生命本无意义，人生本无意义，是人的行动赋予其意义。虽然深感能力和智慧的微薄，但是我依然要坚持去做。我始终相信，教育因追求而幸福充盈。我和我的"心语"团队，正在班主任这片平凡而肥沃的土地上，努力创造着我们的教育奇迹，享受着教育的幸福。

"游人不解春何在，只拣儿童多处行。"我坚信，把自己开成花，就永远走在春天里。

郑学志

湖南省班主任研究学会副理事长,湖南省邵东县两市镇第一中学教师,全国知名班主任,长江班主任研究中心特聘研究员,中国关工委全国教育专家管理中心特聘专家,西南大学、湖北第二师范大学特聘讲师,著有《班主任工作新视角》《做一个会"偷懒"的班主任》《与学生家长"过招"——班主任的家长工作艺术和技巧》《班主任工作招招鲜》等教育教学专著,被媒体誉为"班主任的民间领袖""教育痴人"。

我的班级自主教育管理实验

我为什么要发起班级自主教育管理实验？

我的想法很简单，我不想自己活得太累，不想学生也跟着累。我不甘心用我的老师管我们的方式对待我的学生。我坚信一定还有另外一条道路，能够解放学生、解放老师、解放我们的教育，抵达教育的目的地。

学生需要拥有成长的自主权

有人说过这样一句话："教育就是成年人和孩子们在争夺青春控制权的一场斗争，而最后，孩子们将赢得这场斗争。"这句话确实很值得我们思考。

在班级管理上，很多时候我们一直在和孩子们争夺生命的控制权。我们要求他们怎么做，他们偏偏不想那么做。他们需要怎么做，而我们总是不能够给予他们那么做的权力。这就造成了管和放的矛盾。很多老师，非得经过一段管理上的失败之后，才能够更深刻地认识到这个道理。

1994年我初当班主任，很多老班主任在我面前唠叨：当班主任接班的时候必须严格管理，不然后边乱了，你再来治理就很困难。他们还告诉我：对学生不能太宽容，要严厉。他们还给我举了好多的例子：某班主任罚迟到的学生在操场上跑20圈，结果全班服服帖帖。某班学生不听话，被班主任喊出来做下蹲运动，一次就是100个，罚到学生站都站不起来，以后谁还敢乱来？某班主任确实有威信，往台上一站，下面就鸦雀无声……

听得多了，我简单地得出一个经验——做班主任就是要严，严就能够一了百了，严就能够出效益、出成果，所以，我刚当班主任时，"上课睡懒觉罚挑垃圾20担"的班规就这样出台了。

他们还告诉我，做班主任，要跟紧学生。于是，我天天从起床、早自习、早操、课间操、一日三餐到就寝，全都与学生如影随形，经常是上课预备铃一响，我就站在了教室前面，熄灯铃刚响，我就到了学生寝室外面。

我很累，但校长表扬我认真负责，我十分高兴，更是天天如此，不敢有半点松懈。然而，在"优秀班级"的表象下却隐藏着危机。终于有一天，在我的身体即将被拖垮的时候，我到教室里去检查早自习，黑板上写着几个又大又粗的字：

"我们不要法西斯班主任！"

"我们要换班主任！"

我当时简直气愤极了。我没有想到自己这么尽职尽责，却换来这样的结局。我伤心地想到：自己身体不好，都舍不得花时间去医院看一下；家就在学校旁边，父母得病了我都没能去陪伴一下。自己全身心地付出，换来的竟然是学生赶我下台？于是，我站在台上，作自己"最后一次"即兴发言：

"我没有想到，今天是我爱的学生们要赶我下去了。但是，在学校宣布之前，我给同学们讲最后一次话。

"今天，你们要换班主任，我理解你们，同时也感谢你们，你们让我明白，做一个班主任不容易。做你们的班主任的这几个月里，我从没有在晚上十一点半之前睡过觉，因为我怕有同学讲小话，妨碍了别的同学睡觉，更害怕外班没有睡觉的同学到你们寝室偷东西。只要我们班有一个同学没有睡好，我就不能安心。但是，我没有想到，我的管理是这么严厉，以至于给你们带来了这么大的伤害。你们要换管理松一点的班主任，我只能够接受。

"你们说'不要法西斯班主任！'这确实是对我真诚的批评，我感到难过。我难过的是我的失职，而不是你们的评价，因为我应该早点意识到。

"我平时做得不好，对你们过于严厉，甚至连对自己都不放松。坦白地说，做你们的班主任这段时间，是我人生中过得最累的一段时光。我不愿意这么做，但是我知道，刚进校时不对你们严厉要求，等你们班养成了涣散的毛病，再想纠正过来，就已经迟了。那时候，我们将只能采取更专制的做法、付出更大的代价去扭转，我们会划不来。

"良好的习惯在养成之初，谁不会忍痛失去一些东西呢？我也失去了很多，包括我的健康。老实告诉你们，每个晚上，我都胃痛得浑身是汗。但是我忍着，拖着，想等你们班稳定之后再去医院看病。这是我对自己采取的'法西斯专政'。你们今天给我指出来，我才发现，我在伤害自己的同时，也伤害了你们。好吧，我接受同学们的意见，到学校领导那里去说一声，给你们换一个班主任，也给我自己放一个假。

"最后，我真诚地向平时被我严厉处罚过的同学们说一句真心话，这句话，在我心中憋了很久：处罚你们，老师也难过。今天，在这里我诚恳地对你们说一声，委屈你们了，抱歉……"

可以说，这次讲话很成功。后来很多老师说，我当时之所以能够力挽狂澜，就是这次讲话入情入理，感动了学生。记得当时话还没有说完，我已经是泪水盈眶，学生在下面也早已哭成了一片。那个被我点名批评并被罚跑 16 圈的女生跑上来拉着我的衣服说："郑老师，我们不能没有您。他们要换，我们不换！"

我强忍着泪水，跑了出去，背后，有一个叫刘永香的女同学，带着几个男生，哭着、喊着在后面追我："郑老师，我们错了，原谅我们吧！"他们并没有错，错的是我，我太严厉了。我头也不回地走了。

上午该我上第一节课时，我没有像平时那样去教室。教务处的曾梅林老师来喊我:"郑老师,你快到教室里去劝一下学生,今天早上你班里没有一个人去吃早餐,全都坐在教室里哭。他们说,郑老师不要他们了,他们都不想吃饭了。"我再也控制不住自己的泪水,哭了起来。

等我赶到教室里,科任老师王智明眼圈红红地说:"快来劝一下你的学生吧,我才说了几句,叫他们不要辜负一个好班主任,这样认真负责的班主任哪里找,他们就又哭了起来。"

我一看,教室里整整齐齐地坐着我的孩子们,个个眼睛红肿,有几个女生现在还伏在桌子上抽泣。那几个"肇事者"——在班上带头要求学校换班主任的几个男生,站在教室后边,齐刷刷地立正,头深深地垂着……

这次事件让我认识到班级管理上一个很现实的问题:我们确实是在和学生们争夺青春的控制权。我们总想管住学生,我们总是想方设法去制定规章制度,想方设法去说服压制,想方设法去各个击破。但是,我们从没想过:管不住,是不是我们的管理方式有问题,是不是一开始我们的管理方向就错了?

"孩子们将赢得这场斗争!"这话是令人警醒的,也给我们的教育管理指出了一条合乎教育规律的道路——既然孩子们终将赢得这场斗争,为什么我们不换一个思路,把青春的控制权及时地交还给他们,让他们为自己的命运做主?

还权给学生还出一个惊喜

第一次做班主任失败后,直觉告诉我,该转变工作方式了。那段时间,我学生时代就有的胃病剧烈发作,于是,我向学校请假住院治疗。校长是我中学时的语文老师,他不仅同意了我休假,还同意我住院期间不请人代班,让学生自我管理一段时间。

提这个建议的时候,我内心有点惴惴不安,一是觉得有点托大,本来班级已经发生了点故事,自己居然还提这个要求,确实不识时务;二是自己也确实找不到合适的人代班。但我这个人天生骨子里就有点不安分的因素，总鼓捣着我不按常理出牌。

可是，没想到校长居然同意了！而且他还说，出了什么问题他担着。我觉得特别高兴。于是，在我休假的那段时间里，我们班就开始了"无班主任"运转。当时的我毕竟年轻，在医院里待了不到一个星期，胃病就得到了基本控制。我讨厌医院里难闻的消毒水的味道，于是提前出院，在离校不远的家中卧床休息。

那段时间，学校正筹办"抗日歌曲大联唱"活动。住院之前，我给学生选定了几首必唱歌曲，其中就有一首难度比较大的《松花江上》。我很关心，我不在的时候，谁教他们唱那么老掉牙的歌？谁又来指挥他们？那么高难度的"爹娘啊，爹娘啊"，他们是否唱得来？……所以，每天中午学生在教室里练歌时，我都竖起耳朵听。

我们班在教学楼的三楼，而且整个学校就只有我们一个班选唱《松花江上》，因此，每次学生练习我都能清晰地听到。学生开始唱歌了，歌声开始不跑调了，男女声部居然开始错开了……整个过程我都清清楚楚。我现在还清晰地记得，每天中午一点半，我们班的歌声就从教学楼三楼飘过来："我的家在东北松花江上，那里有森林煤矿……"时隔十多年，那悠扬的歌声还好像就在昨天。

我还没有休完病假，学校的歌唱比赛就已经举办完了。我到学校之后，那些做评委的老师无不遗憾地告诉我："你们班的学生我真是服了，没有班主任还一样能够练歌，而且还取得了一等奖的第二名。与第一名的总分只有一分之差（要知道，共有七个评委啊）！如果不是抽签在第一个出场，你们班绝对是第一。"他们解释说，因为当时他们想，第一个就这么好了，分数千万不能打高了，谁知道最好的出在最前面。

学生们也跑到办公室报喜："郑老师，您不在学校时，我们班男生和女生寝室连续三周的卫生都是全校第一！""自习纪律没有扣过一分！""我们还得了歌咏比赛一等奖！"……我问学生谁来指导他们唱歌，他们说得眉飞色舞："我们请林老师来教的！""我们派间谍到别人班上偷学。"……说者兴奋不已，听者非常吃惊。

这意外的惊喜让我突然发现，原来放手也很美丽！学生并不需要老师盯死看牢，并不需要手把手去教。很多时候，他们自己知道管理自己，自己知道教育自己。只是我们做班主任的太不信任他们，总以为他们离开了班主任就不行。

大概是因为久别重逢，不仅那些胆大的孩子亲热地在办公室进进出出，一些平时胆小的孩子也居然腼腆地站在办公室门口冲我笑。他们全然忘记了，三个星期之前，他们还在学校要求郑学志"下课"。

班还是原来的班，人还是原来的人，为什么换了一种方式之后，师生关系就如此不同呢？这种变化让我反思，并从此影响和改变了我的教育人生，是我从"师本位"走向"生本位"的关键一步。

从那之后，我就彻底摒弃了传统的一些跟班做法，更多地把班级当作一个民主教育尝试的实践基地，在我的班级进行学生自主教育管理实验。

这一改变，到现在，已经18年。

寻找一种更有趣的管理方法

自主教育管理方法与传统的做法有很多的不同，班级人格化、小组人格化、日常管理的"七个机制"、学生思想素质教育的"八自教育"……在这里，我只简单地介绍一下我们的小组建设管理。

我们的小组建设和传统的班级小组建设有些不同，或者说，我们的小组从成立那一天起，就蕴含着学生在小组建设上更多的主动性。比如说，我们的小组构成，不是由老师指派的，而是学生之间因为共同的价值理念、共同的生活愿望、共同的爱好追求、彼此的声气相投组建而成。我们只规定小组人数、小组组织原则、组长产生办法、小组建设基本要素等内容。

我们规定，一个小组由六个人组成，分别是"好""中""待进"（即平日老师眼睛中的"差生",但是我们不说"差生",我们只说有待努力以争取进步的学生,简称"待进生")三类学生组成;每组中又分成两个小组,由"好""中""待进"学生各一名编制成班级基本构成单元——"三人行合作单元"。这是湖南怀铁一中覃丽兰老师发明的好办法,名字取自《论语》中的"三人行,必有我师",提倡以好带差、同伴互助开展学习和管理活动。

我们的组长产生办法和传统的做法有些不同。传统做法是先编小组,再选组长。我们是小组和组长同时由学生自主选举、组合产生,即每个孩子都可以在小组成立之前,自由竞选组长。组长选举产生之后,再发布自己小组的施政纲领,然后以组长为召集人,实现组员和组长之间双向选择。小组成立之后,我们赋予小组长全面的小组管辖权力。如果他们小组内有一个同学不服从团队管理,他可以根据我们赋予的这一权力,开除该同学。被开除的同学要寻找到新的团队,必须到我这里开一张临时居住证,到新的小组挂靠一个星期。如果新的小组中的成员愿意接纳他,他就成为新的小组的成员;如果该小组成员不接受他,他就得继续漂流。

同时,为了防止小组长专权,我们又明确规定,如果一个小组内同学不满意小组长的管理,他们可以集体弹劾他,或者选择自由离开。选择自由离开的学生不在临时挂靠的处置范围内,他们必须由班主任做好统一的安置工作。一旦一个小组中有超过三分之一的同学——即六个人中有两人以上反对该小组长的管理,小组长自动丧失组长资格,需要重新改选。这是学生的选择权。在这种小组长和成员之间的互相监督之下,每个小组长都非常注意自己的工作方式,他们往往靠的是团队的核心力量和自己的人格魅力吸引同学加入自己的小组。而且,一个小组一旦成立之后,就有很强的凝聚力,轻易很难分开。

为了让小组有战斗力,我们又推行小组文化建设"九个一":

(1)取一个别具一格的组名。

青春期的孩子自我意识逐渐觉醒,他们总觉得要做点什么事情以使自己与众不同,那样他们才会更有热情。因此,取一个有意思的组名,让自己的小组和别的小组有所区别，得到了孩子们的积极响应。我们班的每个小组都有一个与众不同的名字，如"新月组""狼图腾""青春无敌""梦想家园"……每个名字都积极、健康，充满幻想和活力。有的名字也很有趣，但是说法不雅致，使用一段时间之后，又被孩子们自己否决了。比如说覃丽兰老师的孩子们有一个小组，他们给自己取了一个名字——"流芒组"，组训是"争创一流，永放光芒"，简称"流芒组"，但因为谐音是"流氓"而被大家群起而攻之，最后改名。

(2) 创设一个有意思的岗位。

我们要求每个孩子都在组内承担一项工作，小组长协调组内全面工作，下面分设学习、卫生、纪律、考勤、讨论等五种工作岗位。孩子们觉得这样分工很好，但是岗位名称没有意思，他们要创新一下，于是就有了"欣赏员"，问他们为什么这样设置，他们回答说："每次做事情都有人欣赏鼓励，都有人说好话，我们信心满满啊！"还有的小组设置了"讨论记录员"，每次学习讨论，谁讲什么，重点是什么，和别人有什么不同，都由记录员记录在案，一清二楚。这样做的目的是解决小组内讨论时有同学不开口的问题，逼每个人主动参与讨论。

有些同学觉得只设一个小组长，有"家天下"的味道，不利于学习，于是他们提出"一组多长制"的小组分工办法：每个人都按照自己的特长、能力条件，在组内担任一项组长工作，比如说同一个小组之内，按学科分类分别设有语文组长、数学组长、历史组长等，谁擅长哪一个科目，就做该科目的学习牵头人。还有的按兴趣特长分为学习组长、体育组长、涂鸦组长、文学组长、下棋组长等，孩子们也很喜欢。

为使自己的工作岗位更有意思，孩子们不断出新。如纪律委员不叫"纪律委员"，太公事化，不具有亲和力，孩子们将其换了个名字，叫"形象发展大使""形象规划专家""形象护理大师""形象观察员"。把纪律的要求变为每个人自身形象建设的需要，而且充满了正能量，一改过去纪律侧重于管制、打击和要求的印象，给人的感觉特别有亲和力，也特新鲜。又如他们把分管学习的职务命名为"成绩资源官""学习加油站""学力执行主席"，也很有趣。

有些学生实在想不出什么新鲜的有创造力的名字,怎么办?能不能用每个人的名字命名自己的工作岗位?我说行啊,把自己的名字和工作岗位绑在一起,不也是一种增强个人责任感、让自己感到有成就感的事情吗?于是就有了"黄刚课业员""刘勇卫生工作室""振彪考勤"等职务名称。

改一个称呼,表面上看起来是只换了几个词语,背后透露出的却是学生小组工作方式和方法的转变,是从行政型的工作手段转向服务型、合作型工作手段的一个有益尝试和调整。很多学生都高兴地说,他们"喜欢这样的命名方式""这显得我们与众不同"。

(3) 提炼一个积极的小组精神。

人活着就是一种精神,一个班级和另外一个班级的最大差别,就体现在精神上。有些班级问题层出不穷,老是一盘散沙,最关键的原因不是孩子们没有向上的动力,而是班级缺乏一种精神,小组缺乏一种精神,学生缺乏一种精神,他们提不起劲儿。班级精神是一个班级向上的动力,在平日的文化生活中,酝酿、培养、提炼一种班级精神,并且把这种班级精神形象地落实到每个小组中去,形成每个小组的精神,有利于增强学生的内在向心力,有利于从思想深层次的方面,向学生传递一种积极的影响。

自主实验团队里,很多老师都在向自己班上的小组输入一些积极的精神,如"做一个让别人因为我的存在而幸福的人""做最有价值的自己""不到最后一刻绝不放弃"……这些都传递着一种积极的人生观,给孩子们输入着一种积极的力量。

(4) 拟一条大家都喜欢的组训。

班有班训,我们自主实验的小组也有自己的组训。组训是小组成员核心理念的体现,是大伙共同的精神追求。拟一条大家都喜欢的组训,可以凝聚小组力量,提升小组的战斗力。"世事我曾抗争,成败不必在我。"这是我教普通高中时,我们班一个小组的组训,高考前他们把它写在每个成员的课桌上。"天空没有留下翅膀的痕迹,但是我已经飞过。"这是我现在所教的星座班飞鸟组改写泰戈尔的名言而成的组训。让孩子们拟一条自己喜欢的组训,每天早上进教室之后全组朗读、宣誓,对振奋小组精神有很大的帮助。

(5) 设计一个好看的组徽。

一个好看的组徽,是一个小组的标志,也是小组内同学共同的精神图腾。好些老师不明白,我为什么要带领学生弄这玩意儿?难道这也是教育?我是这么理解的:一个团队必须有一个团队的凝聚力,必须有一个团队的追求。一个人是散兵,但是如果我们拥有一个共同的标志,我们无论走到哪里,都是一个团队,就有一种共同的精神,就是一个兵团或集团军。标志,就是将我们召集起来的号角和口令。大家设想一下,一个教室里有七八个小组,每个小组成员的座位牌上,都有他们自己的组徽,海燕组的是一只腾飞的海燕,昊天组的是一轮喷薄的红日,活力一族组的是一张QQ笑脸……您会不会觉得新鲜、有趣?

(6) 山寨一首有意思的组歌。

"山寨"两个字,从诞生起就一直被正统舆论批评,为民间所喜爱。在我看来,"山寨"精神就是模仿,就是低成本创新,就是娱乐至上,就是实用主义。我觉得这种精神,在我们建设班级文化上还是有一定作用的,尤其是在创造组歌上,有得天独厚的优势。

为什么这么说呢?因为班歌我们有精力填词谱曲,毕竟数量少,但组歌就没有那么多精力了,小组多啊!因此,"山寨"就是一个很不错的办法。山寨一首激情的组歌,其实就是用一种游戏、娱乐的方式,唱响心中奋进的旋律。比如说一个小组用《真心英雄》的旋律,填出自己组歌的歌词,"在我心中,曾经有一个梦,要用你我的爱融化所有的痛。未来世界,谁是真正英雄,勇敢拼搏的我们正走向成功……"一样的旋律,不一样的歌词,孩子们觉得很开心。

(7) 喊响一句小组口号。

我带班级,喜欢带领学生喊口号。我带初一(7)班,一个本来不怎么样的班级,每天出操的时候喊"初一七班,不同一般;奋发努力,前程辉煌",喊了一个月，班级面貌就发生了很大的变化。学生休息时和我交流："每次喊'初一七班，不同一般'时，我就感觉到真的不一般。好像自己那一刻变得特别有力，特别庄严。"还有的学生说："刚开始喊口号，我觉得好笑，觉得滑稽。但是当大家一齐用力喊出来之后，我感觉到班上同学很齐心，有一种被大家推着走的感觉，不努力都不行。"喊响一句小组口号，就是用固定的形式，内化、巩固班级精神，使之成为一种教育的影响和力量。在我们自主教育管理实验团队里面，有好多班主任班级的小组都有自己的口号，而且不同时期更新变换。小组口号带给学生和老师的，都是一种健康积极的感觉。

（8）出台一个个性化的组规。

班规最大的特点是全、宽，但是并不一定适合每个小组。因为每个小组面临的问题是不同的，要解决的问题也不同，因此，他们需要适合自己的小组约定。我们把小组内的约定，叫作小组组规。引导小组建立自己的规则，数量不要很多，内容也不必很全，但是要有针对性，能灵活地解决班规所不能够解决的问题。

有一个学生对我抱怨："我们组老针对我修改组规。"我问他为什么，他告诉我，他上课爱说闲话，每次说闲话，他们组就根据组规对他进行处罚——给组内每个成员买一包旺仔奶糖。买了两三次之后，好不容易，他上课不说小话了，大家又重新商量新的组规——不得擅自缺交作业，否则，缺交一次罚给组内每个成员买一包旺仔奶糖。我说这很好啊！那孩子说："好什么啊，那又是针对我！"我说："那你可以换个小组啊！"他不乐意，为什么？因为这个小组成员有他的铁哥们儿。最后，他上课爱说小话、拖欠作业、迟到等问题，全在小组一个月一个新组规的机制下消除了。

（9）拟订一个共同进步的计划。

我要求每个小组都有自己小组内的学习计划，每天按照计划完成。孩子们做得都很棒。比如说，有些小组规定，每天在英语本上积累一个英语成语或者一句谚语；有些小组规定，每天写一篇300字的小议论文或者散文，锻炼自己的写作能力；还有些小组规定，每天背诵一篇新教的文言文，或者一段英语会话……这些都是很实在的小组计划，针对的就是英语成绩差、写作能力不强、或者文言文积累不够的问题。落实下去，会对每个小组成员有很大的帮助。

而且，"小组计划"还有一个特别值得推荐的地方，那就是有人近距离监督，这样往往能够解决计划自我执行力不够的问题。无论是中学生还是小学生，毕竟都是孩子，是孩子都会贪玩，都会有自我控制力不强的时候。好些孩子的计划很完美，可就是落实不下去，关键原因就是无人监督。但是，如果把每个人的计划纳入小组中去，成员之间互相监督，那效果就很不一样了。因为他们今天不落实，就有人等着实施他的惩罚权力，这样一来效果绝对不同。

让孩子成为学习的主人

我们说要快乐学习，但如果学生不能够体会到其中的成就感，学习就是痛苦的。很多时候，孩子在学校里学习，是因为他没有选择的余地，他必须这么做，但他的内心并不快乐。而当他们在学习过程中，能够感受到自己的进步，能够享受到学习上的成就感时，他们学习的积极性就来了。这就是自主学习提倡的"享受过程、感受成功"的学习理念。

为落实自主学习理念，我们建立了一整套有助于学生自主学习的方法，简称"七自学习法"。利用程序化的七自学习法，让学生成为自己学习的主人。这七自学习法是：

（1）自我设定学习目标。

每学期开学初，我们都要求每个学生针对自己的具体情况，设定学期学习目标、月度学习目标、周学习目标和每天学习中必做的几件事，作为自己的奋斗目标。这是自主学习的一个关键环节，不同的学生，有不同的目标。不抄袭别人，不攀比，每个人只根据自己的情况设定目标。我们激励每个孩子首先向过去的自己挑战，然后才是向团队高手挑战，用一个个能够实现的目标，培养学生的学习成就感。比如说一个叫孟璞的孩子，英语成绩比较好，她给自己设定的目标是七年级自学完八年级的英语，八年级自学完九年级到高一的英语，九年级争取学完高三的英语。不要以为她有什么特殊的方法，她就纯粹跟着英语朗读磁带学，初中毕业前，她如期完成了学习目标。相反，对于一些成绩差的学生，我们只要求他们掌握一些基本概念，他们和过去相比有进步就是成功。每个人都朝自己可能实现的目标奋斗，他们对学习才没有畏惧感。

（2）自我分解学习任务。

学生们制定学习目标之后，还要将其分解到每天某一个具体的时间段去，这样的目标才具有实际意义。好多学生离开老师的安排就不知道下一刻还需要做什么，一个关键原因是他们习惯于在老师的指导下学习，而不是按照自己的目标学习。所以，第二步就是要求学生把自己的目标分解到某一天的某一个时间点或时间段上去，绘制一个表格，把需要做的事情列成清单。

（3）自我检查任务落实。

把每一天需要做的事情列成清单，每做完一件，相应地打一个勾，然后对自己说一句"我今天真的很不错"。这是我们通过自主学习激励每个孩子挑战自己的一个好办法。很多老师忽略了这一点，不知道学生自查是为了什么。我们的切身体会是：指导学生每天自查，检查该做的事情是否做完，仅仅是目的之一，更重要的目的是通过学生们自我盘点，让那些他们自己做过的事情，成为他们自豪的理由和根据。好些学生告诉我们："每天睡觉前，看着清单上的那一个个红勾，即使那一天别的事情什么也没有做，光那红勾带来的成就感，就足以让我们自豪。我们又战胜了一个个不可能，战胜了以前很多的不可能。"这就是自我检查的好处，它不仅仅侧重于效能检查，更侧重于自我成就感的培养，通过自检激发信心，这才是我们的主要目的。

（4）自我清查存在问题。

如果说第三步完成了量的检查，这一步就是完成质的检查，是属于提质的一步。这一步很关键，可能需要老师的帮助，尤其是低年级学生，更需要老师适时地暗示和提醒。比如说，在小学低年级阶段，我们需要给孩子们设定一些问题，让他们从回答问题中自我检查。如数学上有关计算的自查提问，就需要老师指导他们问自己："题目抄错了吗？竖式列得正确吗？验算有没有错误？横式上的得数写了吗？写对了没有？"批改作业的时候，也要为不同层次的同学提供不同的信息让学生学会自查。如果过程有错误或结果有错误，对于优等生，可以在该题旁打上一个问号，让他们自己去寻找存在的问题；对于中等学生，则在出错的这一步后面打问号，告诉他们错在哪里；对于学困生，则在具体的错误处画上横线，明白地告诉他们这里错了，有什么办法改正……对于高年级学生来说，尤其是高中生，这一步就非常简单，甚至可以用表格（我们也提倡用表格清点自己的成绩和问题，这样一清二楚），把自己做得好的地方和存在的问题一一罗列出来。

(5) 自我提出解决办法。

孩子们学习上遭遇到问题，究竟是老师告诉他们怎么做好，还是由他们自己提出来怎么解决好呢？答案是无疑的——他们自己提出的方案往往更容易落实。这也是自主实验的老师们总是积极和孩子们商量的原因。学习上的一切问题，甚至包括学科知识的疑问，学生自己解决总比老师解决来得有实效一些。老师提供的答案，多半一个星期之后就会忘记，而学生自己得来的答案，一年以后也难以忘记。所以，在学生的问题罗列出来之后，我们进一步指导学生自己拿出问题的解决方案，并分解到具体行动中去。

(6) 自我评估整改效果。

仍然按照老办法，解决一个问题，打一个勾，当纸上那些问题全部被解决之后，学生所获得的成就感远超过学习行为本身。爱上学习，很多时候就是从这些能够掌控的问题被解决开始的。我曾经采用一个非常老土的办法——错题集来帮助学生堵住学习漏洞。刚开始的时候，孩子们看着那一个个逐渐增多的错题愁眉不展："老师，我怎么还有这么多错误？"我对孩子们说："为什么不这样想——我又消灭了一个错误。这一个个被消灭的错误，抬高了我们成功的底子,是我们进步的台阶啊!消灭的错误越多,我们成功的可能性越大。"孩子们一下就高兴了,期末拿着一大沓学科错题集,非常自豪地说:"我这个学期的功劳就全在这里了。"家长也很高兴,看着那一大沓错题集,觉得自己的孩子在学校没有白过。

(7) 自我晋级享受成功。

这是自主学习的最后一个环节——给自己奖励。在自主实验团队里面,这样自我晋级的案例很多,有我的从童生到状元的科举制度升级的自我奖励系统,也有钟杰老师的淘宝购物升级奖励系统,还有覃丽兰老师的兰泽班级兰花升级系统,此外,还有从列兵到将军、从职员到董事长……不管采用什么升级系统,一个核心理念是:建立学生自我晋级的奖励系统,让孩子们在落实自己的计划之后,得到一个晋级的奖励,享受学习的成就感。覃丽兰老师曾经告诉我们,她班上实施兰花升级奖励之后,孩子们为了争取早日晋级,不仅自习课努力背课文,甚至在体育课上还抓紧时间背《滕王阁序》,背得体育老师都有意见了——"简直是一群背书的疯子,体育课不喊口号喊课文!"你们看,这就是晋级带来的动力!

钟 杰

广东省深圳市光明中学语文高级教师,班级自主化管理实验领军人物,德育预设的实践者。分别以"招招都是情,情到深处即无招""静听花开的声音""教育航海记""教育西游记""阳光不锈在囧途""降龙十八掌是如何炼成的""未知的教育之路"为主题撰写了200多万字的班级教育叙事,发表教育教学论文100多篇,受全国各地教育主管部门之邀讲学100余场,出版教育专著《治班有道——班主任智慧手册》《教育西游记——我和"后进生"的故事》《班主任德育预设技巧66招》《孩子,这不是你的错》等。

为每个孩子播撒光明的种子

教师这个身份,对我来说,在很长时间内都是一个噩梦!

为什么这么说呢?我在小学的时候就被我的老师断定为没有未来的人,所以我对教师无甚好感。就在我对教师无甚好感的时候,我的升学志愿被他人窜改了,我不得不读了师范专业。就在全国上下都拖欠教师工资的时候,我参加工作了,每月工资只有69.5元,而且只能领一半。当某领导在教师大会上说"你要不听话,就把你弄到空气清新的地方(意指极其偏僻的乡村小学)去!"时,我正在空气清新的地方,并且清新得只见蚊虫,不见风景。当其他行业的领导威胁他们的下属说"你要不好好干,弄你到中学去教书,看不整死你!"时,我正在中学苦苦挣扎。当教育局局长对普教系统的老师说"不好好干啊,那就到职校去尝尝味道!"时,我已经进入了职校系统,正被职校学生搞得焦头烂额,个中滋味只有我自己知道!

我能走到今天,并且小有所成,除了因为我本身的钝感力之外,还因为在我的生命中遇到了许多的贵人。而这些贵人,大多数是我的学生!他们在我黑暗而贫瘠的心田播下了光明的种子,才使得我从尘埃里开出了花。

有看得见的善良,更有看不见的仁心

1997年9月,我因工作成绩突出,被选调到镇级中学。当时恰好有位德高望重的班主任兼语文老师退休,他找到校长,指名要我去接他的班级,还说只有我才能搞定他的班级,他也只有把班级交给我才放心。

承蒙"老革命"慧眼识珠,我光荣地接过他手中的接力棒,走进了1999级2班的教室。哇呀!不看不知道,一看吓一跳。虽然是初中二年级的学生,但坐在后面两排的男生,个个人高马大,两眼精芒直射,脸上横肉丛生。看得我心中不由得寒战连连,心想,要是他们违纪了,冲动之下我动手打了他们,那我一定是吃不了兜着走。心有所动,行有所变。之后,我一改往日的暴烈脾气,尽把温柔女子的态度拿出来,好言好语地宽待他们,耐心细致地照顾他们。一个月过去了,尽管是中途接班,师生却也相处甚欢,班级不仅稳定,班级生态还一派和谐向上的景象。还有当初那帮让我心生怯意的男生,由于我时不时在他们面前示个弱,他们也就把我当弱女子看待,不好意思太过分,大概是怀着"好男不跟女斗"的心思。

半个学期过去了,彼此也熟悉了,那些原本表现得规矩的孩子开始有点放肆了,而我,在他们面前也渐渐露出了性格中强势的一面。

我还记得班上有位叫李瑁(化名)的学生,恰好是那位指名要我接他班级的"老革命"的侄子。"老革命"退休离校时诚恳地对我说:"钟老师,我这个侄子吧,本性不坏,但行为不良,三天不打,上房揭瓦。我没有退休时,跟我住在一起,我还能监管他。现在我走了,他一个人住在我屋子里,不知道他会搞些什么花样出来。我早闻你大名,知道你带班以严格著称,所以特意点名要你接手我的班级。现在我就把我的侄子委托给你,是好是坏,一半是他的造化,一半是你的管教。"听着"老革命"的嘱托,想着"老革命"的信任,我心中只有一个念头:我不仅要让李瑁好好成长,也要班上其他孩子好好成长,我绝不会让孩子们毁在我的手里！

想法固然美好，但很多时候，事情的发展并不一定朝着我们美好的想法跟进。接下来发生的一件事，彻底颠覆了我在孩子们心中苦心经营出来的温柔形象。

究竟是怎么一回事呢？

始作俑者就是李瑁。话说李瑁利用自己单人住宿的有利条件，每天中午吃过午饭，就邀约一些同学到他的宿舍玩耍。当然，邀约同学去他宿舍玩也是跟我打了招呼的。我当时的想法是，孩子嘛，到学校来除了读书，就是交友，人之常情，可以理解。再说了，李瑁也只是邀请了本班的同学到他宿舍玩，并且都是班里表现好的孩子，他们在一起能做什么呢？充其量就是说说笑话，再过分点，就是看看电视（李瑁的叔叔还留了个黑白电视在宿舍里），特别过分的也无非是说说班上女同学哪个长得好看，哪个长得不好看，这些都无伤大雅。

过了几天，我发现那些在李瑁宿舍玩的孩子总是在铃声响了一阵之后才匆匆跑进教室。我提醒李瑁，玩归玩，但别玩得忘记了时间。李瑁唯唯诺诺地说再也不会了。提醒李瑁之后确实有几天孩子们都在铃声响之前回到了教室，我也就没在意了。

又过了几天，下午上第一节课的老师跟我反映，说大概有七八个男生总是迟到，甚至还有旷课的现象。我一问，那七八个男生都是在李瑁宿舍里玩的孩子。他们究竟在宿舍搞什么鬼，竟然一而再再而三地迟到，甚至还出现了旷课的现象？如此恶劣的行为竟然耍到我眼皮子底下了，这还了得！

我故意不动声色，悄悄派人去打听。这不打听就算了，一打听把我的肺都给气炸了！这些小子竟然躲在李瑁的宿舍里赌博，并且是玩真格的。迟到旷课就罢了，还赌博！俗话说"十赌九骗，久赌必输"，但凡沉迷赌博的人，都很容易把人品赌坏，所以我生平最恨嗜赌之人！小小孩子就开始赌博，一旦恶习养成，今后还有什么人生？就我所生活的圈子里，我亲眼看到我一个男同事因赌博欠下高利贷而自杀，一个女同事因赌博输掉了自己母亲的养老金以及自己的婚姻。所以，我绝不允许我的学生染上赌博的恶习！

彼时年轻，也没什么专业知识，就一个死理：我要把那些沉溺在赌坑里的孩子拉出来！于是我特意找来几根细软的杨柳枝，这细软的杨柳枝打着肉生痛，但又不伤筋动骨。我趁那些孩子玩得兴起的时候，蹑手蹑脚地走到李琯宿舍的门外，捏着鼻子叫门，孩子们不知是我，毫无防范地开了门。我二话不说，怒火中烧，冲进去扬起手上的杨柳枝拉过他们的手就是一顿打，那气势绝不亚于孙二娘上阵。这帮小子哪里见过如此凶悍的女老师，再说我那个时候个子娇小，长相温婉，他们压根就没想到我会给他们一顿劈头盖脸的好打。我一边打，一边咬牙切齿地骂道："我叫你们赌！我叫你们堵！赌博赌博，越赌越薄！赌得一无所有，赌得家破人亡！"这群孩子一是被我打蒙了，二是被我吓傻了，个个缩成一团不敢言语。

说实话，如果这件事情发生在现在，我绝对不会用这种方式来解决。我肯定会告知他们赌博的危害，也会去寻找他们参与赌博的原因，甚至会为了解决这个问题读很多的书，写很多的诊断文案以及很多的反思文章。至于最终能不能解决问题那就另当别论了。但那个时候，我就只知道使用打这个最拙劣的办法，不过，自那以后，孩子们再也没有聚众赌博过。我承认，问题能得以一次性解决，有必然，也有偶然，这只是一个非典型案例，毫无借鉴参考价值可言。

时隔多年，我经常会回想这件事，想我那因愤怒而扭曲变形的脸该是多么的难看，想那些孩子心里该是多么的厌恨我，尤其是他们长大成人，对教育有了自己的深刻理解之后，他们再回头评判我当初的所作所为，心里对我该是多么的鄙视。一想到这些，我就免不了如坐针毡，当然，这也使得我再次面对类似的事情的时候多了一份慎重和理性。

一次回成都讲学，四五个成年男子找到我下榻的宾馆，让我始料未及的是，他们竟然是赌博事件的几个主角。

看着他们年轻且充满活力的面孔，那个挥枝狂打的场面立即浮现在我的眼前，难堪迅疾从心里涌到脸上。我满怀歉意地说："谢谢你们还记得我，我也从不曾忘记你们，多年来心中郁结难除。此时，我郑重向你们道歉，请原谅老师当年的无知与狂妄。"哪知我话声一落，几个孩子就齐声道："老师，您别往心里去，我们真没怨您。"其中一个孩子说："老师，说实话，我们走进社会，一比较，才知道您对我们有多好！那个时候我们没水蒸饭您帮我们挑水，我们没饭吃您帮我们做饭；衣裤破了您帮我们缝补；夏天，您给我们烧茶水解渴避暑；下了晚修，您还给我们包饺子做夜宵；中考前夕，您每天早晨早起帮我们煮鸡蛋……这些，我们都牢牢记得。走到社会上之后，谁会帮我们做这些？谁会心疼我们？每一次我们同学聚会，说起您，我们都感恩戴德。在我们看来，您有看得见的善良，更有看不见的仁心！遇见您，是我们这辈子的幸运！"

这段话，我一个字都没改，照实录下。我不是想要标榜我有多好，好与不好，怎么好，怎么不好，我心里很清楚，我只是很感恩，感恩我的学生，明明我做错了很多，可他们记得的全是我的好！

有做陪伴者的决心，更有做播种者的勇气

夏丏尊先生说过："教育之没有情感，没有爱，如同池塘没有水一样。没有水，就不成其池塘，没有爱就没有教育。"

不论是在中国还是在外国，师爱都是有效教育的前提，这已经是不需要普及的教育常识了。那么，爱究竟是什么？怎么爱才是真正的爱？如何爱，才能推动学生自我成长？这是我身为人师经常扪心自问的几个问题。

德国著名教育学家斯普朗格说过："教育的最终目的不是传授已有的东西，而是要把人的创造力量诱导出来，将生命感、价值感唤醒。"

美国杰出的心理医生 M·斯科特·派克在其《少有人走的路》一书中对"爱"作出了如下定义：爱，是为了促进自我和他人心智成熟，而具有的一种自我完

善的意愿。对此定义，我并不否认它的客观性和精准性，但我还有身为一个教师的理解：所谓师爱，就是老师必须通过自己的努力（这个努力包罗万象，面对不同的孩子所作的努力是有区别的）去促进自己和孩子的心智成长，同时，为了更好地推动孩子心智成长而心甘情愿地去完善自己！

就我个人的秉性来讲，一旦把某个道理想通了，我就会立即付诸行动。我不喜欢我的爱只是一种意愿，我必须把这种意愿变成行动。我要在孩子们的心田播下光明的种子，唯有这样，他们的心智才会走向成熟。

于是我告诉孩子们："所谓师生一场，就是互相支持和互相陪伴。我想，我们师生之间最浪漫的事不是我陪你们长大，而是你们陪我变年轻！从今以后，咱们将要过一种全新的生活，是你们以前从未经历过的生活。"孩子们听我这样一说，显得异常兴奋，纷纷问我："那是怎样的一种生活呢？"

对啊，那是怎样的一种生活呢？苏格拉底说：未经审查的生活是不值一过的。那么我们回头审查一下，孩子们过的是怎样一种生活呢？

每天都背着书包到学校读书，但不知道为什么要读书，更不知道"读书是摆脱现实的奴役而非适应现实的奴役"的意义；每天大多数的时间都在教室里度过，却不知道把心盛放在哪里；每天都渴望得到友情，却找不到打开友谊大门的钥匙；每天都在学文化，却生活在文化的沙漠里……这样的生活值得一过吗？他们的心智会自动走向成熟吗？答案当然是否定的。只是，我要怎么做，才能让孩子们的生活值得一过呢？

首先，我必须做一个心灵的播种者，我要给每个孩子播下理想的种子！下面是我刚接手意搏班时给孩子们心田播种的过程，陈年旧事，重播如下：

刚接手意搏班时，我问孩子们："初中毕业多少年后，我们才开同学会？"孩子们一听，立即火热回应，有说两年的，有说五年的，有说十年的。看孩子们争论不休，难以定夺，我说："杨过等小龙女足足等了16年，这样吧，干脆我们也等16年，现在是2010年，2026年，我们再相会，那个时候，你们正好

30 岁了，三十而立，正是最佳见面时间！"

孩子们由此约定：2026 年召开同学会，具体的时间和地点到时再定。

既然有了这样一个让人牵挂的约定，我何不抓住这个契机给孩子们制造更多的惊喜甚或是形成更深远的影响呢？我于是煽动孩子们："想办法让我们的同学会有点创意好不好？"孩子们当然喜欢，赶紧问我："什么创意啊？"我笑笑，说："你们先想一想呀。"孩子们想了好大一会儿，最后都摇头撇嘴，说："还是老师你帮我们想个点子吧，我们都没经历过，不知道怎么办。"

我心里一乐，孩子们的话正中我下怀，于是笑着说："大家想一想，16 年后，你们将以什么身份、什么面目出现在大家面前。也就是说从现在开始，你们就要试着去规划自己的人生理想，然后思考怎么去实现。想好之后，写在一张精美的信笺上，可以叠成心形、船形、长方形、纸鹤等等，只要是自己喜欢的形状都可以。"我还没说完，孩子们就迫不及待地问我："干什么啊？"我笑着说："把你们的理想写好，我们要找一个特定的时间进行放飞啊。"孩子们一听要放飞理想，惊奇地问我："怎么放飞？"我故意卖关子，说："这是秘密，等到真相揭开的时候你们就恍然大悟啦。总之，你们下去策划一下，16 年后自己将如何闪亮登场就行了。"马上有孩子问我："那要穿 16 年后的服装吗？"我笑着说："能借到服装，自然好，借不着也没事，穿着现在的衣服，一样可以放飞自己的理想。"

在孩子们无比兴奋的议论中，我们决定开一个"放飞我们的理想"的主题班会。班会课，我拿着相机和一个精美的盒子走进了教室。孩子们一看我手上的盒子，惊讶地问我："拿盒子干什么？"我将盒子一扬，笑呵呵地说："这是我的月光宝盒，我特意拿到教室里来，就是要装你们的理想啊！"孩子们"哦"的一声表示明白。其实他们并不明白。我把手上的相机一放，举起盒子说："今天，我把这个盒子放在讲台上，每个同学都到上面来描述你的理想，也就是 16 年后与大家见面的职业、身份，讲完之后，再把你的理想虔诚地放在盒子里。等所有同学的理想都放进盒子里后，我会当着大家的面，在盒子上面写上"放飞我们的理想（2010—2026 年）"，然后打上封条。这个打上封条的盒子将会在我的书柜里被精心地保存 16 年，我就是你们的理想的守护者。16 年后，当我们所有的同学再见时，我会当着你们的面拆开封条，然后拿出你们的理想，看看你们究竟实现了多少。"孩子们一听，非常激动，情不自禁地鼓起掌来。

趁孩子们鼓掌的空当，我转身在黑板上写下：放飞我们的理想（2010—2026 年）。

接下来，是意搏班每个孩子上讲台畅谈理想的时间。我没搭话，也没评价，而是手拿相机，认认真真地为每个孩子留下那青春年少、恣意张狂的光彩形象。

当所有的孩子描述完毕，我那月光宝盒也装得满满的了。我拿起宝盒，当着孩子们的面把里面整理齐整，然后郑重地盖上盒盖，再慢慢地、细致地贴上写有"封"字的封条。等封条贴好之后，孩子们又是一阵兴奋地叫好、鼓掌。

一堂班会课，我几乎没说什么话，全是孩子们在快乐、自信地描述。他们的理想非常的简单——没有一个孩子说他要当科学家、作家、工程师。他们的理想也非常的朴素——老师、服装店老板、医生、护士、餐厅服务生、理发师、舞者等等。但这有什么不好呢？只要是健康的、快乐的、自己喜欢的、并非歪门邪道的，都可以！路有很多条，只要孩子们走得快乐，走得自信，走得光明磊落，我以为这样的理想就值得欣赏和鼓励。

我给了孩子们一份牵挂——16 年后，意搏班所有的人都要为着那个月光宝盒聚集在一起。我也给了他们一份神秘——月光宝盒里，究竟装了多少秘密呢？这需要等 16 年才能揭开真相。我还给了他们一份希望——为着那 16 年后的闪亮登场，每个人，是不是都该努力去奋斗呢？

我不知道，这些孩子们 30 岁再相聚的时候，会以一种怎样的生命姿态展示在我的面前。那么我呢，16 年后，我会以一种怎样的生命姿态来面对他们？这对我们每个人来说，都是一种期冀，一份牵挂，甚至是一个美好的梦想！教育的美丽与诗意，难道不是由"期冀、牵挂、梦想"所氤氲出来的吗？

播下理想的种子是不是就万事大吉坐等花开呢？是不是就抱着"教育是慢的艺术"而消极等待了呢？那肯定不是！身为教师，拥有花苞的心态固然好，遵循"教育是慢的艺术"也很有必要，但如果无所事事被动等待，那就罪莫大焉了。反观农民种庄稼，播下种子之后，是不是也要精心呵护呢？比如浇水、施肥、薅草等。如果遭遇严霜，还要给播下的种子覆盖薄膜以保持使其能顺利发芽的温度。教育的过程本质上就是种庄稼的过程，既要心平气和地等待，又要积极主动地加以管理。

理想的种子播下之后，接下来我就要给孩子们输入文化的力量了。因为在我看来，种子再饱满，如果没有好的土壤、阳光和水分，那它发出来的芽儿也健壮不到哪里去。如何给孩子们的精神家园里注入文化的力量呢？

首先是构建主流价值观。我承认当下社会价值观多元，只要不伤人、不害己、不违反国家法律的价值观，都能得到认可。但是，学校教育有责任、有义务将积极的、充满正能量的主流价值观植入孩子的心田。比如：遵守规则、尊敬长辈、友爱同学、热爱生活、敬畏生命、有责任感、实干、阳光、善良、热情、诚信、承担、勇敢、自爱、自律、创新、"己所不欲，勿施于人"等等。

价值观的形成并不难，而将其变成行动却是有难度的。那么如何将文字化的价值观变成实际行动呢？在我看来，没有行动的语言，无论多么漂亮，多么深刻，多么睿智，都毫无意义。因此，在形成上述正确的价值观后，我给他们讲了王阳明的故事，讲了"知行合一"这个伟大的哲学命题，并且告诉他们，任何一个人，或者一个企业，要作出成绩，要走得很远，都必须做到"知行合一"，否则，一切都是空谈！对于空谈之辈，我一贯鄙视！有了"知行合一"，就有了把价值观变成行为的准则。孩子们说话行事为人，我拿这个准则一量，高下之分一目了然，行动与否不言自明。

有了理想和正确的价值观之后，我再给孩子们注入人文精神，那么孩子们的精神就会越加饱满，他们的精神家园也会越加丰富多彩。这个过程是一个精细活，需要爱心，也需要耐心，更需要持久心。

当了 20 多年的班主任，我深刻地感受到：老师送给孩子最好的礼物就是真心真诚地陪伴他们成长，陪伴的同时，必须给他们足够的关注，教会他们独立、阳光、自律，尤其是如何爱自己的家人、朋友和异性。

有守住教室的爱心，更有守住灵魂的良心

在我看来，一个老师最重要的职业品质就是"守住"——守住自己的课堂，守住自己的教室，守住自己的良心！只有"守住"，师者的爱心和良心才能传递到孩子的心里去。

有一次，我在教室里闲转，发现不论是男生还是女生，都会疏远大雁，还有些男生故意奚落大雁。更有甚者，在大雁经过的时候，还故意作出那种"半夜碰见鬼"的夸张的肢体语言。我很奇怪，就私底下找人询问。原来大雁在小学的时候就备受歧视。有很多关于大雁的谣言，比如说她长得丑，说她很穷，说她有体臭，说她不祥，说她要传播瘟疫。怎样才能改变孩子们对大雁的不良看法呢？我觉得只有从大雁那里才能找到突破点。

首先，我找到大雁，告诉她每天要坚持洗澡，洗澡的时候不用肥皂用沐浴液，衣服一定要天天换，而且衣服要用洗衣液洗（沐浴液和洗衣液都有一种芳香）。其次是头发，梳个简单的马尾就可以了，什么装饰都不用(大雁皮肤很黑，她又喜欢在头顶搞一个大红夹子，色彩很不搭)。当然还有一点，早晚一定要刷牙，牙膏最好用味道清香的。

跟大雁交流了，我又赶紧到大雁家，跟她母亲交流，希望她母亲一定要帮自己的女儿改头换面，赢得大家的好感，找回自信。

大雁的母亲其实是个不错的女人，只是工作太忙，性格比较粗放，她以为女儿能够管理好自己就可以了，根本没教女儿如何把自己打扮成一个讨人喜欢

的女孩子。听我说了她女儿的遭遇后，这个女人很难过，也很自责，决心帮助自己的女儿赢回自尊。

大雁母女在我的指导下，果然改进了不少。我看时机成熟了，就找了个课间，对孩子们说，我前几天去家访，得知我们班大雁同学非常懂事，每天放学回家，不是帮妈妈做家务，就是指导弟弟做作业，并且很节俭，从不跟他人攀比，也不随便跟家长要零花钱。特别让我感动的是，有些同学欺负大雁，但她从未对自己的家长说过，反倒是有同学把这事告诉了她的家长，家长想要到学校来讨公道时，她还劝解自己的家长不用来，说这是小事，不用计较。一个小女孩，有如此胸襟，实在是了不起啊。今天，我要送大雁一个大大的拥抱！从今天开始，让离群的大雁回归！

之后，班上再也没有出现过对大雁充满歧视的口头语言和肢体语言。

还有一次课间时间，我看见班上的镇东紧闭着双唇，紧握着一对拳头，满脸怒气，双眼喷火似的冲到后排沈彪的位置，看样子是要打人了。我二话没说，赶紧走到镇东身边，柔声道："心里难受是吧，来，老师抱抱。"说完，不容镇东有任何举动就拦腰将其揽进怀里。我的这个举动顿时让周围的孩子发出了友好善意的笑声，镇东也被弄得很不好意思地笑了。

架自然是没打成了，但从这件事情以及大雁事件中，我发现了孩子们的人际智能实在很差。于是，我在平时的工作中就特别注重培养孩子们的人际智能，指导他们如何交友，甚至还告诉他们交友秘诀。孩子们的人际智能提高了，相处融洽了，我们的班级就像一个家，每个孩子都能在里面找到归属感，不良行为自然就减少了。这一切皆得益于我经常守在自己的教室里，守住教室，自然就守住了孩子的良好行为。

我时常跟孩子们说，我们的教室就是我们的家，是盛放我们心灵的地方，因此，我们爱自己的教室就要像爱自己的家一样。

既然家是盛放我们心灵的地方，那么这个地方就需要我们一起守护。如何守护呢？我以为用心地把我们的教室打扮成一个温馨的家，然后，在这个家里为每个人搭建一座精神家园，让我们在这个家里相亲相爱，一起成长。这就是最真诚的守护！

有些教室，墙壁上惨白一片，后面垃圾桶里的垃圾堆成金字塔，桌椅摆放歪七扭八。这样的教室，任何人都不想守在里面。于是，我想尽办法把教室装扮成一个美丽、整洁、温馨的家。比如，我撤掉教室里的垃圾桶，让孩子们自备装垃圾的小塑料袋，每天有保洁员定时保洁，随时走进教室，里面都是干干净净的。还有教室的墙壁上，我绝不让它空着。我要让它说话，说出有哲理的话，有意思的话，有情感的话。站在讲台上朝后看，是整洁漂亮的黑板报。黑板报的左边，是一个粉绿打底的公告栏，班上所有的班务告示都在上面。黑板报的右边，则是打造莲文化的晋级榜，目的是培养孩子们理性、优雅地竞争。黑板报下方，则是与黑板一样长，高度直抵墙角砖的"文化长廊"，上面设有四个栏目，分别是：快乐贴吧、理想秀、才艺广场、每日三省。教室左边的立柱上，是孩子们军训时的剪影，剪影上面印着八个字：学以致用，知行合一。这是我们的班级口号。右边的立柱上，则是由宣传委员田雨娟设计的生日表。当然，教室里还缺不了我们的班训、班级格言、班级标语、读书角。

有同事问我，你天天都窝在教室里（主要是课间时间），都做些什么呢？

我其实也没做什么，就是静静地看着孩子们学习或者玩儿。就好像一个妈妈带着孩子在公园里玩，孩子自个儿玩得好好的，妈妈就在一旁陪着，玩得不好了，妈妈上去帮一把，仅此而已。守候在教室里时，孩子们自己能做好，我就面露微笑，竖起大拇指鼓励他们，没有做好，我就耐心细致地告诉他们怎么做才能有较大的收益。

当然啦，我守在教室里，还有一件很重要的事要做，那就是带着孩子们一起打造属于我们自己的班级文化，也就是我前面说的给每个孩子搭建精神的家园。

比如我们班级的班名——"一心走路"是怎么来的呢？

我曾经读过一本书，叫作《一心走路》，是一行禅师最伟大的生命觉醒之作。身为教师，主要任务是什么？我以为就是唤醒每个沉睡的生命，让每个生命的源泉流动，勃发生命的激情，然后选准目标，一心走路，朝着目标进发。

于是，"一心走路"这个班名在我的脑海里产生了，萦绕不散，同时又犹豫不决。这个名字，不够响亮，但足够大气；这个名字不够时尚，但充满正能量；这个名字不够精练，但充满禅机。要还是不要这个名字呢？思来想去，还是替孩子们做了主，就要这个名字吧。如果我的那些孩子们能够悟透了班名的含义，并且终身践行的话，那么，我有足够的理由相信，他们会一步步地找到他们的觉知，最终达到幸福的彼岸！

当我把这个班名写到黑板上的时候，孩子们没有热烈的掌声，而是惊讶莫名地看着我。但是，当我把这个班名的含义说了出来，并且在黑板上写下"心怀正能量，一心走路，做个朴素的人，朝着目标前行"的时候，孩子们个个都豁然开朗且面露喜色了。

一个班名，在有的人看来，就是一个符号。但在我看来，它不仅仅是符号，它要留存在孩子们的记忆中一辈子！所以，它应该是一种正能量的释放，是一种积极精神的召唤，更是一种意蕴深刻的警示，一种教育理念的体现。

还有像班徽的产生，班章的刻印，班花的确定，班服的选定，班歌的出炉，班级愿景的规划，班级灵魂的形成等精神文化的打造在我的班级可谓比比皆是。而这些，全都是我守在教室里，和孩子们一起利用课余时间做出来的。守住教室，实际上就是守住了孩子们的精神家园！所以，我一直认为，无论多么高明的班主任，如果你不愿意守在教室里与孩子们一起做点什么，那你永远也不要谈什么成长。因为成长不是只通过看书得来的，也不是只通过写文章得来的，而是在不断的探索、不断的体验中，找到正确的方向，采用正确的方法获得的。所谓"一切智慧都来源于实践"也就是这个道理！

我们经常说德育，德育究竟在哪里？德育就在我们的生活中，而教室，是孩子们在学校生活中待得最多的地方。所以，对老师来说，德育就在每个孩子的言谈和举止之中，就在教室里！如果班主任都不愿意守住自己的教室，而是在办公室里与同事高谈阔论当今教育体制的弊端，埋怨当下家长的教育失误，或者是坐在电脑旁与所谓的同道们进行文字的厮杀和无谓的辩论，那么我们的德育就是一些不着边际的悬浮物！同时，我们也把最重要的德育阵地给丢失了。

当了20多年班主任，很多人都问我累不累，我说累；问我烦不烦，我说烦。事实上，要想把一件困难的事做好，真累；要想把一个懵懂无知的孩子教好，很烦。但那些累和烦对我来说都不重要，重要的是，我把累和烦转换成了一个积极而崇高的教育理想——为每个孩子播撒光明的种子。如果允许我在"光明"一词前加个前缀的话，我一定加上"温暖一生的"！

朱云方

中学政治高级教师,宁波市鄞州中学副校长,全国优秀教师,全国中小学优秀德育课教师,浙江省中小学德育工作标兵,宁波市十大优秀班主任。从教25年,担任班主任21年,致力于班级生本管理模式的研究与实践,课题获得宁波市基础教育成果一等奖,出版专著《走向生本的班级管理》,积累班主任随笔近350万字。

与孩子们一起向前奔跑

人生如跑步,教育亦如此。

作为一个老师、一个班主任,应该带领孩子们一起向前跑。通过跑步、尊重、阅读、交流和宽容增强孩子们的身体素质,提升他们的意志力和毅力,培养他们的自主学习能力和自我控制能力,使他们养成良好的生活习惯和行为习惯,更重要的是在这个过程中与孩子们一起经历、体验、分享、成长。

为了约定,与孩子们一起向前奔跑

2014年4月13日,我完成了人生中的第一个马拉松——无锡国际马拉松比赛。那天晚上回到学校的时候,孩子们都围上来询问我有没有跑完马拉松,感觉如何。我告诉孩子们:我在近2万名参赛选手中以3小时25分的成绩名列第371名。孩子们都为我感到自豪。因为我不是一个人在跑,而是代表班级和孩子们一起在跑。

回忆起自己之所以开始跑步就是为了完成与孩子们的一个约定。记得2004年我带第一届民办高中蓝青班,这帮孩子很调皮,学习基础薄弱,行为习惯差,自我控制能力更差，每天都有违纪现象，特别是刚刚开始的时候，没有一刻让我消停过，但我始终没有放弃对班级的严格管理和较高要求。在第一次运动会上，我们班取得了年级第一的好成绩，我很高兴地在班级表扬了他们，同时希望他们在各个方面也能像在这次比赛上表现得那样优秀。这时候有几个孩子对我说：朱老师，你总是这要求，那要求，还告诉我们要有毅力，其实最容易的事情最不容易坚持做到，如果你能够每天坚持在操场上跑五圈，那么我们都听你的。只有融入，才会拥有。为了班级发展得更好，面对孩子们的激将，面对这一高难度的挑战，我没有拒绝，从2004年10月底开始，每天早上六点左右，我坚持在学校操场上跑五圈。刚刚开始时班里还没有人愿意相信，但随着时间推移，他们看到我从坚持一个星期，到坚持一个月，再到坚持一个学期，而且风雨无阻。慢慢地，他们从观望到敬佩。其间曾有几个孩子挑战过我，但是最终跟跑一圈之后失败了，从而奠定了我在他们心目中的形象和地位，增强了对他们进行教育的有效性。由此可见，"亲其师，而信其道"，有时候教育不仅仅需要你说什么，更需要你去做什么，在孩子们心中永远有一杆秤，他们会用孩子的眼光来审视你的言行，从而选择是听从和遵守，还是反对和拒绝。因此，作为班主任必须学会站在孩子的立场来选择你的教育行为。

为了更好地激发孩子们自觉跑步的意识，我开始有意识地在班级里宣布我的跑步计划，我对孩子们说："人活着应该要有一个梦想，对于现在的我来说最大的梦想是能够跑一次马拉松。但当我一听到马拉松的距离是42.195公里的时候，便觉得不太可能去完成，不过我还是想去试一试，因此，我会利用我家住东钱湖的地理优势先去作一次跑半个湖的尝试，然后再去跑整个湖。有第一次就会有第二次，坚持下去，我相信再远的梦想也可以实现。"

在孩子们的期待和鼓励中我完成了跑半个湖，甚至整个湖的目标，尽管这个过程是在不断的斗争、反复和煎熬中完成的，但结果还是让我自豪。完成的那天，我很真诚地对孩子们说："我真的从来没有想到自己这么能跑，竟然能够跑完 32 公里长的环湖跑道，这就说明很多时候不是我们不能去做一些事情，而是我们想不想去做一些事情，敢不敢去做一些事情，如果想了、做了、坚持了，那么你就会取得意想不到的成功。由此可见，人的潜能是无穷的，我们应该要相信自己，开发自己的潜能。"

看着孩子们静静地聆听时眼里流露出的那种惊讶和羡慕，我知道他们的心被打动了。很多时候班主任的经历可以和学生们一起分享，这种分享有时候比你正式的说教还有说服力和教育的效果。不久，我从网上查询到 2014 年全国马拉松比赛的赛事安排，发现上半年只有无锡国际马拉松比赛日期相对较近，为此，我决定把它作为自己人生的第一次挑战，并正式告诉孩子们我的挑战。孩子们对于我的挑战纷纷表示支持，并为我加油，因为我代表着班级。

期待的过程也是准备的过程，此后我常常会在带孩子们跑完晨跑之后在操场上再跑 30～50 圈，一个人孤独地在操场上从外到内旋八圈，然后再从内到外旋八圈，直到完成自己的目标。曾经有孩子问我："朱老师，你一个人这样跑，而且一跑就是几十圈或者几个小时，难道不感觉无聊吗？"其实，跑马拉松的过程就是一个挑战自我的过程，也是一个与自己进行心灵对话的过程，或许在外人看起来是一件很无聊的事情，但是在跑步的人看起来，那是一件很有意义的事情。

至此，我发现孩子们不再讨厌晨跑，其中有几个孩子还提出让我陪她们多跑两圈，说是为了参加今年秋季运动会长跑比赛来弥补第一学期没有获得名次的遗憾。特别是 800 米考试从来没有及格过的微胖且极其讨厌长跑的小宣同学也慢慢地习惯了晨跑，尽管每一次她都跑在最后，但我总是陪着她，鼓励她坚持到底。最终她通过自己的努力在 800 米考试中取得了及格的成绩。最明显的一个改变是从学期之初开始孩子们没有一个由于感冒等原因来向我请病假的。曾有位家长这样告诉我："朱老师，我孩子回来很自豪地说，每一天当他看着日出，所有同学整齐地喊着'十一十一，百里挑一；无懈可击，看我十一'的班级口号，并且作为唯一跑在学校的操场上的班级而成为学校里一道独特而亮丽的风景线时，他的内心充满了喜悦，涌现出一种永远向前跑的动力，这一天都充满了奋斗的激情，他很快乐也很充实。"

梦想就是一种让你感到坚持就是幸福的东西。从某种隐喻上来看，跑步就是一次孤独的实现梦想的旅行，在挑战极限的过程中，保持和灵魂深处的自我不断对话，在与懒惰、懈怠、无力的抗争中，见自己、见天地、见众生。因此，教育不是简单的说教，而是需要我们站在孩子的角度来审视我们的行为，它不是一种工具、一种命令、一种摆设、一种功利、一种线性的改变，而是一种行动、一种体验、一种经历、一种分享、一种共同的成长。

回归原点，给孩子们一种向前跑的环境

教学的艺术不在于传授本领，而在于激励、唤醒、鼓舞。德国教育学家第斯多惠如是说。作为班主任，不仅仅要引导孩子们搞好学习，更重要的是促进他们健康而快乐地成长，唤起他们对生命的觉醒。

清楚地记得 2001 年 5 月 21 日去小芸家里家访的那一天。在到她家之前，小芸竟在路口等着我，见到我后就红着脸怯生生地说："朱老师，希望你见到我妈妈后不要把成绩册拿出来给她看。"我问"为什么？"她说："我把这次期中考试的数学和外语的成绩给改掉了，我不想让我的妈妈伤心难过并责骂我。"虽然我听到她的话先是一愣，但我没有简单地去责怪她，而是对她说："我很理解你的心情和想法，但希望让我一起替你掩饰你的谎言这是第一次，也是最后一次，因为我知道通过努力你一定会证明自己的能力，我相信这一点。"

事后，通过了解我知道了她改分数的原因。原来她妈妈脾气很急躁，家教也很严，并对她寄予了很高的期望。特别是她进重点中学时差了六分，在经济上付出了很大代价。因此妈妈常因成绩问题斥责她，家庭总笼罩在一种紧张压

抑的气氛中，母女之间缺乏必要的沟通。

在以后的几次家访中我努力与她的家长进行沟通并达成了一定的共识：要相信孩子，不要再给她过大的压力，尽量给孩子创造一个良好的学习氛围。但是孩子涂改成绩这一个别现象却像一面镜子一样折射出一个深层次的问题，这不能不令我思考并反省一下自己的工作：在推动孩子学习的过程中，是把教育工作的着力点放在分数上，还是放在孩子身上？是用分数挤压孩子去进步，还是通过孩子的发展来提高分数？正因为我们教师太关注分数，所以才导致了孩子被分数异化，他们的所思、所想、所求几乎都被淹没了。孩子成为接受知识的机器，他们活跃的青春、情感、活力被压抑到最低点，这常常导致孩子走入迷途，涂改分数、考试作弊等问题也就应运而生了。

以生为镜，转变观念。在信息爆炸、学习方式多元化的今天，中学生活不过是人生旅途中的一个驿站，分数只是孩子动态学习过程中的一个点。分数是死的，人是活的；分数是暂时的，人的发展是永恒的。因此，我们要转变观念，回归教育的原点，促进人的成长和发展，正确处理好分数和人的发展之间的关系，把分数的提高纳入人的整体发展过程之中，以人的发展推进分数的提高，以分数提高带动人的进一步发展。

教育的出发点和归宿不应该是分数，而应是为人的全面发展奠基。

不以分数定高低，不以成绩论英雄，而以创新促进孩子的特色成长。为此，首先要给孩子们一份尊重，唤醒孩子们最初的梦想。当一个孩子考上一所新学校时，他心里一定充满着希望和期待，然而当高中三年快要结束面临高考的时候，却有很多孩子不知道想考什么大学、从事什么职业、将来怎么发展。因此，在孩子们报到的第一天举行一个以"青春·梦想·责任"为主题的隆重的开班仪式，给孩子们一份尊重，唤醒孩子们最初的梦想和实现梦想的决心，使他们怀有一颗梦想之心、责任之心，从而更好地确立目标意识、责任意识和精英意识。

此后，在每一学期期初和期中那些重要的日子，我常常会让孩子再次重启

《写给三年后自己的一封信》，并写上重启的日子，让他们又一次重温最初的梦想，从而再来激励他们的行动。

德国哲学家雅斯贝尔斯曾说："教育是人们灵魂的教育，而非理智知识和认识的堆积"，教育的本质意味着"一棵树摇动另一棵树，一朵云推动另一朵云，一个灵魂唤醒另一个灵魂"。因此，教育不是一种"雕刻"，而是一种"唤醒"。"为唤醒的教育"，将孩子们的灵魂视为等候被唤醒的"种子"，班主任需要为唤醒种子作好充分的准备和酝酿，为他们调配、提供适当的土壤、水分、营养等，一旦时机成熟，种子自己会破土而出，长出本应属于它自己的理想模样。教育的方式，不是直接把种子从土壤里拔出来，而是为它创造适合生长的条件，以唤醒并赋予其内在生长力的方式，让灵魂的种子自己长出来。这样长出来的灵魂，才有坚固的生命质量感和强大的内在力量。

其次，要让孩子们独立，培养他们自主学习的能力。学会学习就是培养孩子们自主学习的能力。在我眼看来，很多孩子之所以在学习成绩上有差异，最大的原因不在于他们的天赋有区别，而在于他们的学习习惯有差异。能够自主安排自己学习的孩子一定是学习成绩优秀的孩子。但一种习惯的养成并不是天生的，而是需要后天刻意去培养，特别是当孩子们自律不够的时候，你必须给他们足够的他律，为此，我专门为孩子们设计了一本《自主学习手册》，里面的内容非常的具体，主要有以下几个方面：第一，每个阶段整体的学习计划；第二，每一天的学习计划和反思；第三，重大考试试卷分析；第四，错题记录和原因分析等等。在每一部分之前都有如何分析的方法指导。刚刚开始的时候，孩子们有怀疑、怕麻烦，但随着时间的推移，那些一直坚持的人学习效率提高，取得了显著的成绩，这激发了那些原本犹豫的孩子们去坚持，从而形成良性循环，推动了班级整体学习成绩的提高。

可是面对学习基础薄弱的孩子时，一般情况下作为老师和家长直接能够想到的就是想方设法给孩子们补课，其实有时候这样做的效果并不能达到我们的预期。这里的关键在于补课并不是孩子们主动提出的,而是在老师和家长的要求下进行的,再加上补课之后有些孩子会产生听课的疲倦感,严重影响正常上课的效率,就如一个人吃饱点心之后就吃不下正餐一样,造成本末倒置。

2001届曾经有一个数学一直不及格的小周同学,她妈妈一定要让我给她请家教补数学,但在一个月之后小周坚决不想再补课,这在她眼里是浪费时间和金钱。本以为高三第一学期的期中考试她的数学一定过不了关,但想不到她竟考了125分。惊讶之余,询问原因。她告诉我:因为跟你有约定,所以就有压力,从而提高了听课的效率;同时自己准备了两本笔记本,一本摘上课讲的例题,一本摘例题的题目。然后在下课的时候把上课讲的例题道道琢磨透彻,再在晚自修前把这些例题做一遍,会做了就通过,否则再巩固一遍,直到能举一反三。

事后我想了很久才知道:其实对有一些孩子而言,当他们在我们的百般呵护和关爱下进行学习时,实际上他们只学会了做一道又一道的习题,然后照本宣科地去应试,花费了大量的时间、精力,提高的只是有限的分数,但牺牲的是孩子的自主学习时间和建立在学习基础上的能力。因此,这说明培养孩子们的自主学习能力需要给他们"断奶",需要让他们有足够的自主学习、独立思考和自主钻研的时间和空间。

再次,要给孩子一个平台,展示孩子们的思想能力。没有阅读的孩子是没有灵性和思想的孩子。在人的成长过程中,阅读是一项很重要的内容,没有阅读就没有发展。鉴于此,我们文创班首次开设自主阅读时间,并创设了"文创博雅论坛",利用周日第一节晚自修前的40分钟时间进行展示。博雅主题论坛,内容精彩纷呈。譬如,有知识拓展类:《数学之美探究》(陈雷杰)、《民国文人简介》(孙吉)等;有兴趣特长类:《篮球内容、规则简介及魅力篮球欣赏》(董延)、《网络玄幻小说所带给人的热血激昂及背后深层意义》(徐滢)等;有社会实践类:《〈爸爸去哪儿〉精彩片段及其折射的社会问题》(王柳尹)、《城市未来发展展望（德国案例分析）》（王诗瑜）等。

给我一个平台，还你一份精彩。每一次主题论坛孩子们都会精心准备，查阅大量文献资料，制作精致的PPT，展示自己对相关主题的理解和想法，同时还会与其他孩子进行现场答疑、交流互动。事后，班级还对每一次论坛进行评价，对于那些精彩的讲座，予以送书的奖励。

幸福就是做一件自己喜欢做的事情并把它做成功。在管理班级过程中，我倡导"大学习观"——我们培养的不是"考生"，而是"学生"。对于孩子们来说，学习不仅是纯粹的文化课学习、大量练习和做作业，还有他们喜欢的范畴和领域的学习。而且学习也意味着愿意花一定的时间去深入研究以满足自己的好奇心和愉悦感，同时通过独立思考形成自己特有的思想和见解，而创新精神就会在这样的专注和投入过程当中产生。作为班主任不应当只把眼光盯在孩子的文化课学习上，而是要去看孩子的喜欢和选择对于他们将来人生发展的影响，有时放手也是一种幸福。

正如爱因斯坦所说：什么是教育？教育就是过了若干年之后，忘记了学校里所学的一切东西，剩下来的那一部分。因此，校园是有生命的地方，更是安放灵魂的场所，它理应生机勃勃，充满灵性和生动。教育不是"教死"，而是"教生"，那么我们的孩子就能"学生"，而不是在校园里来"学死"。

周记交流，给孩子们一种向前跑的动力

曾提出"心灵教育"的美国人本主义心理学家马斯洛要求教师"必须随时发现学生身上所具有的优秀品质和能力，耐心地倾听学生的说明，并细心客观地对学生作出反应"，"弄清一个人的底细，他喜欢什么，不喜欢什么，他正在走向何处——这意味着心理疾病的揭露"。因此，在我21年的班主任生涯当中，我一直很重视与孩子们之间的周记交流，通过品读孩子们的周记，及时倾听孩

子们的心声、发现孩子们身上的亮点、探知孩子们的困难和问题，然后通过批阅周记，实现师生间的心灵对话，从而行走在孩子们的心灵世界，促进孩子们的健康成长。

其实一开始的时候，周记只是我了解孩子们思想和真实想法的一种手段，而且是作为一种强制性的规定布置下去的，也没有进行动员和说明。当孩子们把周记交上来之后，我会抓紧时间进行批改，但因为是放在平常时间进行，总不能让自己静下心来去好好地理解和领会孩子们内心的想法和真实的思想，以及学习生活中的困惑，再加上备课、上课、批作业的压力，有时候还常常需要处理很多班级事务，所以会导致自己在时间来不及的情况下，随意地作出一个评定，往往是用"阅"或"√"等应付了事。自然，在这种单向的交流过程中，孩子们慢慢地失去了写周记的主动性和积极性，最终变成一种应付，出现了"老师这星期我无话可说！""这星期一切正常！"等一句话周记。刚刚看到的时候，我真的很生气，但是静下心来想一想就可以理解了，毕竟感情的交流是双向的，更需要以诚相待，当一方发出的感情信息没有得到响应时，自然会让发出信息的一方受到伤害，不论你有什么理由。

为此，我首先跟孩子们进行了一次深入的交流，在征求是否要写周记的意见的基础上，强调写周记的重要性和必要性。其次是进一步说明写周记的内容和形式，内容上不作强制规定，可以是内心的真情实感、自己的思想状态、学习上的具体困难、生活中的疑难困惑、心理上的真实问题、班级真人真事的点滴感悟等等；在形式上也没有具体要求，不管什么形式，只要真实、真诚、真心就可以了。再次是协商好上交周记的方式，一般情况下两星期一次，如果需要及时沟通，也可以随时上交。这样可以减轻学生的压力，也增加了周记的时效性。

而周记是否能够坚持下去的最重要的一个因素就在于孩子们是否愿意和喜欢写周记，而不是应付写周记。为此，我改变了批改周记的方式，首先是在初步浏览的基础上确定必须进行面批的周记，主要是通过立即谈心交流等方式；其次是找出需要静下心来好好交流的周记，而这些周记又占绝大多数，所以我会把批改的时间放在双休日。那个时候，我把自己关在书房里，平心静气地看着孩子们的周记，就像一个个孩子坐在我的面前轻轻地诉说着他们的心事，有快乐的、痛苦的、心酸的、甜蜜的、成功的、失败的、简单的和复杂的。在这样的氛围和情境下，我也会情不自禁地流露出真情真心真意，快学生所快、乐学生所乐、痛学生所痛、苦学生所苦，并结合自己的人生经历、生活体验、理论知识和生命感悟与他们进行"促膝长谈"，所以自然就会洋洋洒洒地写上很多话，有时候甚至会超过学生所写的字数。这样的做法让孩子们深受感动，有孩子在第一次拿到被我批改过的周记并看完之后，非常感动地说："在我被批改过的周记当中，从来没有发现过一个班主任的批语写得这么长这么认真！"这就为我赢得了一个良好的第一印象，同时一如既往地坚持会让孩子们珍惜每一次与我交流的机会，所以周记就成为了我与孩子们进行情感交流的主要渠道，而每到第二个星期的星期一，孩子们都会很期待周记的下发，看看朱老师这次会在周记里说些什么话，讲些什么事。

因此，周记教育是一种心灵交流的过程，是一种思想碰撞的过程，更是一种人生经历和体会的分享过程。在这里没有权威，只有平等；没有说教，只有谈心；没有伪装，只有真诚；没有师长，只有朋友；没有对错，只有观点。教育无痕，水到渠成，如同我与小旻的交流。

一个个性偏激、思想独特的女孩小旻在她的周记中写了一篇关于"自杀的方式"的文章，如此描写自杀的方式：

一、跳楼和坠崖

一直固执地认为这是一种最美丽的死亡方式，适合一个长发飘飘的女子。她要穿着白色的睡衣，最好是有蕾丝花边的，在黑夜里从较高的地方掉落下来。

下坠的时候有点点晶莹从眼角飘过。在触地的那一刻，即使痛苦，但嘴角仍含着微笑。

白色衣裙上有斑斑蓝色的血迹，忧郁却美丽。

二、开枪

海明威与川端康成式的经典死亡。

我想我更喜欢前者，将枪口对准自己的嘴，扣动扳机，后脑勺被掀飞，滚烫鲜红的液体涌出来，沾满深色的上衣与衬裤，然后凝结成块状的褐色，牢固而又寂寞。

这是生命由奔腾到瞬息寂静的过程。

三、割腕

她用水果刀在腕上划了一下，不够深。

她又划、又划，液体流了一会儿却不动了，她于是向伤口深深地割下去……

——腕上是支离破碎的沟壑。

她轻轻地躺进冰凉的水里，暗红的液体一丝丝一缕缕地扩散开去，像烟雾盛开在水纹中的花朵，慢慢绽放……

人们发现她时，有人从血腥的卫生间逃出来伏在阳台上呕吐，有人一下子便晕倒在地上。

——洁白的瓷砖上，花朵的图像被溅起的液体所污染显得有些黯淡，浴缸中的水被渗得透红，上面有海藻般浓密的头发和黑色的有着红蔷薇刺绣的丝质衫裙。

有人伸手去捞尸体，却立即把手缩了回来，除了血腥，没有一丝人气，连水也是刺骨的冰凉。

《圣经》说：死亡是一种解脱。

我把时常在脑子中浮现的场景用文字表达出来，它们是一组组的意象，所以不太完整，有些拼凑的断层。

我本来是想把这篇写在语文的随笔中的，它过于脱离现实，不够朴实与平凡。不过，我想语文老师看不太懂。

朱老师，我一直在寻找一个人，一个能与我心灵相通的人，不需要语言，不需要动作来表达，但是彼此能够看得清对方的心，读得懂彼此每一个眼神。

但我一直没有找到，我想，也许是因为我终究是一个平凡的人。

2005年12月25日

面对她如此坦然地谈自杀的方式，作为班主任的我首先感到的是震惊和担心，她为什么会有这样的思考，一定是在自己的学习生活中里碰到了什么困难，遇到了什么挫折，缺少了友情体验。为此，我在她的周记上这样写道：

如果你是一个没有对死亡进行过深入思考的同学，那么这么生动的死亡情景任何人都是无法描写得出的。其实，当一个人曾经经历过死亡的危险或者面对过死亡，那么他就真的不会害怕死亡了。曾经看过很多悲观主义哲学家的书籍，如尼采的《悲剧的诞生》《查拉斯图拉如是说》《快乐的科学》和叔本华的《爱与生的烦恼》等，让我对生和死进行了深入的思考，明白了生的意义和死的价值。其实在死亡面前真的很公平，人人平等，没有任何一个人可以利用任何特权去超越死亡。但是死亡却有很多种的选择：自杀是一种，意外死亡也是一种，自然死亡更是很多人必须经历的一种。我愿意选择一种自然死亡的方式，因为这样才算完成了一个人正常的生命阶段，对他的一生来讲也没有什么遗憾，因为他已经经历或品尝了人生所有应该品尝的阶段和内容。所以我一直反对自杀这种结束人生的方式，因为在我眼里看起来这是一种懦夫行为，也是一种极端的自私行为，很多时候人活着要比死亡更痛苦，而一个人仍旧能够坚持下去，这样的人难道不是一个真正的勇士吗？我尊重这样的人们。

我能够理解你内心世界的这一个想法，的确，在这俗世里，知音难求，心灵相通的人更难求，因为在这俗世里有很多东西蒙蔽了人们的双眼和心灵，所以注定了很多人的人生是寂寞的、孤独的，但这并不能阻挡他感受人生的美丽！卢梭正是因为他的孤独写出了一本让人感动的好书——《一个孤独散步者的遐想》。他在自然的怀抱里寂寞地享受着人生的快乐，品尝着生命的价值，思考着平等的意义。

因此，我对朋友和知音，从不渴求和勉强，我非常遵循自然的法则：一切顺其自然。不过在生活的过程中，你能否遇到一个你想遇到的人，关键还是在于你自己，如果一个人紧闭他的心灵大门，那么他就断绝了一条和人进行真诚交流的渠道。为此，我又信奉宁可人负我，我不负天下人的信条，或许你可能又会说我在标榜自己，但是我可以告诉你，这已经成为我的一个做人原则。当然这可能会让自己上当受骗很多次，有时也很受伤，但至少你能让自己活得洒脱和快乐，因为你的心里永远充满着阳光。

说了那么多，你应该明白了我是一个怎么样的人，至少你能了解我内心的某一方面，也应该明白了我告诉你的体会。一切随其自然，然后再来解放自己！你一定会让自己坦然地面对一切，包括友谊、爱情、生与死！

2005 年 1 月 2 日

人的存在方式就是活着，活着就必须让自己保持清醒的头脑，明确前进的方向。由此可见，教育即人学，即关于人的学问和学习。不懂得人，就不懂得教育，教育就是对人的存在之谜和成长之谜的勘探。而一个人就是一个世界，每一个世界都有独特的风景，作为班主任，你更多地要学会欣赏、鼓励和赞扬，同时还需要运用你的智慧和你的行动去引导和影响孩子，而不是简单地灌输和说教。因此，通过周记教育，走入学生心灵深处的你就此成为学生生命发展当中重要的他人，也可能成为学生一生当中重要的贵人。

善待错误，给孩子们一种向前跑的经历

教育是慢的艺术，更是一种等待的艺术。作为班主任，你必须具有一份在下一个路口等待孩子的耐心，避免出现好心办坏事的现象，也就是你教育的出发点是为了孩子们好，而事实上你的所作所为就像美国的考门夫人用"温柔"和"慈悲"毁掉了一只飞蛾的生命那样严重地影响了孩子自身的成长。因为人只能自己去活着，人只有具备对活着本身进行反思的意识与能力，才是真正的"活着"，所以教育不是替代孩子们选择，替代孩子们思考，而是赋予孩子们选择和思考的能力。为此，在面对孩子们的错误的时候，我们绝对不能着急，在进行教育引导的过程中也要允许孩子们有反复。成长的过程其实就是不断地犯错和改正错误的过程。正如有一位孩子对我说："老师，尽管我知道你的观点和建议是正确的，但是我自己的选择只要有1%的希望是正确的，那么我也要坚定地走下去，即使碰得头破血流，我也无怨无悔。因为这是我自己选择的路，只有当我真正经历和体验过之后，才会在我的生命中留下永不磨灭的印痕，才能避免以后重蹈覆辙。我知道这样做的代价可能太大，但我在所不惜。"由此可见，宽容孩子，善待错误，其实就是让孩子们体验成长的经历。

虽然我所带的蓝青班已经毕业，但是在这个过程当中我经历了很多的困难，甚至有孩子在2005年4月的一天下午破坏了我的汽车，把油箱盖子掰断，把雨刮器折弯。当我在那天下班的时候看到这种情景，难以用语言来形容那一刻我心中的愤怒。但在回家的路上我想了很多，我应该如何去处理这件事情呢？追查到底，还是不了了之？熟悉法律的我自然很清楚，如果我追查到底的话，一定可以把这件事情查个水落石出，那么这个作案的孩子将会受到学校的严厉处罚，甚至可能会危及他的正常学业。然而听之任之也不是办法，这会助长他的不良行为，影响他的人生发展，因此我必须将这件事情告诉给

班里的孩子们。

那么我如何在班级里去说这件事情呢？如果带着情绪去的话一定会打击一大批，从而引起孩子与我之间的对立情绪，产生一种负面的消极影响。我暗暗告诉自己，只有处理好心情，才能处理好事情。在经过了一夜的调整之后，在第二天早自修的时候，我非常严肃地站在讲台上对孩子们说："孩子们，昨天朱老师经历了一件很伤心很痛苦的事情，那就是我的汽车被人给破坏了！"

当我说出这件事情之后，教室里所有的孩子都流露出一种无法相信的神情，大家感觉到很惊讶，并开始私下里互相轻声地交流。

而我又很沉重地继续说道："其实，大家都知道朱老师已经做了近20年的班主任，即使在原来学校担任一个全校最差班级的班主任（有孩子坏到可以把当时停在我们车站的中巴车轮胎撬下来去卖掉）的时候，也没有孩子来报复朱老师的。但是现在却发生了这种事情，这真的让我很受伤也很痛苦。我想这件事情一定是我们班级里的孩子做的，我可以明确地告诉你，从法律上来讲你的这种行为已经构成了破坏私人财物罪，如果追究法律责任的话，将要被处以三年以下有期徒刑、拘役或管制。"

因为孩子们知道我在1993年考了律师资格证，所以对我刚才说的后果没有任何怀疑，而事实也的确如此，如果一个人损害别人的财物金额达到5000元的就要构成犯罪。接着，我很难过地对孩子们说："由此可见，这件事情的性质应该是很严重的，如果我严查到底会有什么后果，你们也应该可以预测到。不过事情已经发生了，虽然我很痛苦很伤心，然而再把这件事情闹大也没有什么意思，所以这件事情到此为止，我不会再查下去了，但是不等于我在内心已经原谅了这一错误行为！"

此后不久，我就知道了这件事情的真相，因为有孩子在周记里告诉了我具体的事情经过。不过，我没有再在班级里声张，毕竟我已经很明确地告诉过孩子们对于这件事情不再追究了，作为一个班主任应该言而有信。

那个星期六放学的时候，小曼悄悄地找到我说："朱老师，你有没有QQ？如果有，是不是可以把号码给我？"而且强调晚上一定要加她的QQ，因为她有事情要与我进行交流。

我一看到是她，自然就明白了她要我QQ号码的原因了，所以没有过多地追问就把QQ号码给了她。那个晚上她就把事情的经过告诉了我，主要的原因是我知道了她早恋的事情之后对她管得很紧，而且已经和她谈了几次话，这让她心里非常反感，所以就把班主任知道她早恋找她谈话的事情告诉了她的男朋友，她男朋友说会教训一下班主任的，为此才发生这件事情。现在她才知道了这件事情的严重性，尽管我说已经不再追究了，但是强调在心里不会原谅这一行为，让她感到巨大的压力，在向我表示道歉的同时请求我的原谅。

其实，当我知道了事情真相的时候，已经原谅了她，所以当她把事情告诉我并请求我原谅的时候，我非常自然地答应了她，毕竟哪一个人没有犯过错误。

不过最让我感动的是她被上海外国语大学录取之后，打电话给我约我一起吃饭。我一开始没有答应，经不住她多次相邀，特别是最后她用命令的口气对我说："我在上岛咖啡馆等你，如果你不来我会一直等下去的！"我已经无法再拒绝。到了之后，她告诉我："朱老师，高考结束之后我去香港旅游了，我知道你喜欢喝酒，所以在那里给你买了两瓶芝华士，算作对高一时破坏你汽车的补偿吧！"

面对这样的孩子，我还有什么话可说的呢？我觉得自己在过去付出的一切都是有价值的，也很欣慰自己能够站在她的角度合理地处理这件事情，才让她到现在还记得还上这份情。所以说，好的教育就是宽大、审慎、温暖，能够将教育的力量绵延终生的教育。宽大的教育最大的特点就是"宽容"，没有容忍，就没有宽大的教育，甚至没有真正的教育。要让孩子自由选择他的人生之路，宽容是第一位的，同时对孩子的错误要有充分自然的容纳，并把这种容纳转化为改变人、发展人、促进人的生命生长的力量，达到生命自觉的状态。

教育之美应是生命成长之美，无论经过怎样的孕育和锤炼，都应该保持一种永远向前的姿态，那是以生命浸润生命，以生命碰撞生命，以生命唤醒生命不停搏动的节律。只有当这种节律和谐共鸣时，才能奏出最美丽的教育乐章。

相遇只为前行，与孩子们一起向前奔跑。

图书在版编目（CIP）数据

中国著名班主任德育思想录 / 朱永新主编 . —上海：华东师范大学出版社，2016.3
（大夏书系·教育思想录）
ISBN 978-7-5675-4882-4

Ⅰ.①中... Ⅱ.①朱... Ⅲ.①班主任工作—文集 Ⅳ.① G451.6-53

中国版本图书馆 CIP 数据核字（2016）第 049669 号

大夏书系·教育思想录

中国著名班主任德育思想录

主　　编	朱永新
副 主 编	朱寅年
编　　著	新教育研究院
策划编辑	李永梅
审读编辑	王　悦
装帧设计	奇文云海·设计顾问
出版发行	华东师范大学出版社
社　　址	上海市中山北路 3663 号　邮编　200062
网　　址	www.ecnupress.com.cn
电　　话	021-60821666　行政传真　021-62572105
客服电话	021-62865537
邮购电话	021-62869887　地址　上海市中山北路 3663 号华东师范大学校内先锋路口
网　　店	http://hdsdcbs.tmall.com
印 刷 者	北京密兴印刷有限公司
开　　本	700×1000　16 开
插　　页	1
印　　张	16
字　　数	210 千字
版　　次	2016 年 7 月第一版
印　　次	2024 年 4 月第十六次
印　　数	45 101–46 100
书　　号	ISBN 978-7-5675-4882-4/G·9215
定　　价	39.80 元
出 版 人	王　焰

（如发现本版图书有印订质量问题，请寄回本社市场部调换或电话 021-62865537 联系）